L'économie du Système d'Information

Yann-Eric DEVARS

Solve DSI

Solve DSI

Introduction

Les systèmes d'information sont devenus l'un des leviers stratégiques les plus importants pour la compétitivité et la pérennité des entreprises.

La maîtrise des coûts est devenue fondamentale et le DSI se doit désormais de concevoir ses budgets d'une manière stratégique.

Il doit être en mesure de proposer des budgets qui assurent la continuité et l'évolution du Système d'Information en rapport avec les ambitions de la direction et des métiers.

Une mauvaise gestion financière du SI peut rapidement se traduire par une diminution de la performance, un retard technologique ou même une mise en difficulté de l'ensemble de l'organisation.

Il est donc impératif pour la DSI de comprendre en profondeur les enjeux économiques liés au SI et de piloter rigoureusement les coûts afférents aux différentes composantes techniques, humaines et organisationnelles.

En effet, les solutions informatiques modernes sont de plus en plus complexes : multiplication des applications métiers, recours croissant au Cloud, investissement dans l'analyse de données, sécurisation croissante face aux cybermenaces, sans oublier la recherche permanente d'innovation pour rester en phase avec les attentes du marché.

Sans une cartographie claire des dépenses et sans un suivi méthodique, il devient très difficile d'évaluer le retour sur investissement (le fameux ROI) et encore plus de convaincre les directions métiers de la pertinence des choix techniques.

4

Lorsque la DSI n'est pas en mesure d'expliquer, de justifier et d'optimiser les coûts du SI, elle risque de perdre la confiance des dirigeants et des autres départements de l'entreprise.

Cette perte de confiance s'observe souvent lorsqu'une Direction Générale, constatant une insuffisance de pilotage budgétaire, désigne un Directeur Administratif et Financier (DAF) pour surveiller ou même prendre en main la dimension économique du SI.

Certes, le DAF apporte son expertise financière et sa capacité à rationaliser les dépenses, mais il ne maîtrise pas nécessairement la complexité technique et fonctionnelle inhérente aux systèmes d'information.

Ce décalage peut conduire à des arbitrages purement financiers, où la réduction des coûts devient la priorité absolue, parfois au détriment de la qualité de service, de la sécurité, de la scalabilité ou encore de la capacité d'innovation.

Dans un tel schéma, personne n'en sort véritablement gagnant : la DSI se retrouve marginalisée, les projets technologiques risquent de stagner ou de basculer dans une logique de *minimum viable* plutôt que de différenciation, et les métiers voient alors leurs besoins moins bien adressés ce qui mène inévitablement vers une réduction des budgets de l'IT ...

Il est donc de la responsabilité du DSI de prouver sa légitimité dans la maîtrise des coûts et la gestion de l'économie du SI.

Pour y parvenir, celui-ci doit disposer d'outils et de méthodes permettant de suivre, d'analyser et de justifier les investissements.

Ceci passe par une démarche rigoureuse de cartographie des processus et des dépenses associées : identifier clairement quelles applications et quelles infrastructures supportent tel processus métier, quelle est la valeur ajoutée pour l'entreprise, et comment ces coûts s'inscrivent dans les objectifs stratégiques fixés par la Direction Générale.

En adoptant une approche globale et transparente, la DSI pourra établir un dialogue constructif avec les métiers, le DAF et la gouvernance de l'entreprise.

Attention, la maîtrise des coûts du SI ne se limite pas à une simple recherche d'économies.

Elle doit également tenir compte de la préparation de l'avenir, de la capacité à innover et à répondre aux fluctuations du marché.

En s'appuyant sur une répartition budgétaire cohérente, le DSI peut mieux anticiper les investissements nécessaires en infrastructure, en solutions logicielles ou en compétences.

La capacité à rationaliser des systèmes existants, à identifier des redondances ou des projets sous-exploités, ou encore à mutualiser certains composants techniques, constitue l'un des principaux leviers de performance

Dans le même temps, certains postes de dépense, jugés superflus ou mal dimensionnés, peuvent être réalloués à des projets à plus forte valeur ajoutée.

Enfin, la DSI doit bâtir un solide partenariat avec tous les acteurs de l'entreprise.

Une bonne compréhension des priorités métiers facilite la mise en perspective des coûts informatiques, tout comme une visibilité financière fiable rassure les directions fonctionnelles et la Direction Générale.

Dans ce cadre, la compétence de la DSI en matière de gouvernance budgétaire, d'analyse de rentabilité et de planification devient un atout indispensable.

Cette légitimité lui permettra non seulement de conserver la mainmise sur l'évolution du SI, mais aussi de gagner le soutien de la Direction et des utilisateurs finaux, qui percevront davantage la valeur que le numérique apporte aux processus de l'entreprise.

L'enjeu est donc d'équilibrer les considérations économiques et les impératifs technologiques pour que l'entreprise profite pleinement du potentiel de son système d'information.

Le DSI ne peut se limiter à son rôle d'expert technique : il est aussi un gestionnaire, un partenaire stratégique et un artisan de l'optimisation des investissements.

S'il réussit dans cette mission, il évitera d'être supplanté par une vision purement financière, qui risquerait d'asphyxier l'innovation et de mettre en péril la compétitivité future de l'organisation.

C'est donc en développant une approche globale, alliant technicité et rigueur budgétaire, qu'il fera valoir la valeur réelle du SI et confortera son rôle pivot au cœur de l'entreprise.

Pour cela, nous allons décrire une méthode structurée en plusieurs parties.

Elle s'appuie sur l'identification des domaines stratégiques, des domaines support et des domaines dits « cœurs », afin de répertorier les processus et macro-processus liés à ces domaines.

Nous examinerons ensuite les objets métiers que ces processus créent ou gèrent, puis les objets de données qui permettent leur gestion via les solutions informatiques.

Sur cette base, nous relierons chaque logiciel et composant d'infrastructure à des coûts précis (logiciels, licences, maintenance, hébergement, etc.) afin de calculer l'ensemble des investissements.

Enfin, l'analyse de ces données permettra de juger de la cohérence des dépenses par rapport à la stratégie de l'organisation et, si nécessaire, de réorienter les ressources sur les domaines et processus les plus pertinents.

Cette méthode se veut exhaustive et détaillée, de manière à être déployée dans différents types d'organisations (grande entreprise, PME, service public, association, etc.).

Dans les chapitres qui suivent, nous allons aborder chacun des volets pas à pas, en proposant une démarche « mode d'emploi » claire et articulée.

L'objectif est de doter tout responsable SI, toute direction des systèmes d'information, et plus largement toute gouvernance d'entreprise, d'un outil permettant de comprendre la chaîne de valeur du SI et d'optimiser la répartition des coûts qui y sont liés.

Principes généraux de la méthode

1.1. Finalité de l'analyse des coûts du SI

L'analyse des coûts d'un système d'information vise à répondre aux questions suivantes :

- **Quelles sont les dépenses réelles, directes et indirectes, liées au SI ?**

- Comment ces dépenses se répartissent-elles entre les différents processus et domaines de l'entreprise ?

- Cette répartition est-elle en adéquation avec les priorités stratégiques de l'organisation ?

- Quels ajustements budgétaires sont possibles pour soutenir davantage les processus les plus critiques et réduire les coûts superflus ?

1.2. Principes directeurs

1. **Exhaustivité** : La méthode cherche à répertorier la totalité des coûts liés au SI, depuis les applications jusqu'aux infrastructures, en passant par les ressources humaines nécessaires à leur exploitation.

2. **Traçabilité** : Pour chaque coût, il est nécessaire de pouvoir remonter au processus métier et au domaine auquel il est rattaché.

3. **Alignement stratégique** : Le but n'est pas seulement de comptabiliser les dépenses, mais de les relier aux objectifs clés de l'entreprise, afin de prioriser les investissements.

4. **Communication transparente** : Les résultats de l'analyse doivent être compréhensibles par les différentes parties prenantes : équipes techniques, direction métier, directions fonctionnelles, etc.

1.3. Enchaînement des phases

La démarche suit un fil directeur logique :

1. **Identification des domaines et de leurs processus**

2. **Identification des objets métiers et de leurs objets de données**

3. **Cartographie des composants SI et calcul des coûts**

4. **Analyse de la répartition des coûts et mise en évidence d'un équilibre cible**

5. **Recommandations et plan d'action pour ajuster les investissements**

Dans les chapitres qui suivent, nous détaillerons chacune de ces étapes afin de proposer une méthode complète, documentée et adaptée à des structures de toutes tailles.

1. Identification des domaines de l'organisation

Avant toute chose, il est nécessaire de segmenter l'entreprise ou l'organisation en « domaines ».

Trois catégories seront prises en compte :

1. **Domaines stratégiques** : ces domaines couvrent le cœur d'activité de l'entreprise, c'est-à-dire les activités génératrices de valeur ajoutée et donc de gains financiers pour le domaine privé et de services pour le domaine public.

   Par exemple, dans une industrie automobile, un domaine stratégique serait la production de véhicules, la recherche et développement de nouveaux modèles, ou encore la vente et la relation client.

2. **Domaines support** : ils regroupent les fonctions transverses nécessaires au bon fonctionnement de l'organisation, mais qui ne constituent pas directement le cœur de métier.

Par exemple, on retrouve souvent la finance, les ressources humaines, la logistique, la comptabilité, le juridique, etc.

3. **Domaines cœurs** : il s'agit de domaines un peu particuliers, parfois qualifiés de « transverses critiques » ou de « piliers » de l'organisation.

   Ils jouent un rôle clé pour soutenir à la fois les domaines stratégiques et les domaines support.

   Par exemple, la gouvernance, le pilotage global de l'entreprise, ou encore la direction informatique elle-même qui est un moteur indispensable au bon fonctionnement de tous les autres.

   Notons que ces domaines sont ceux qui permettent aux organisations d'être plus efficientes que leurs concurrentes.

Approche pour segmenter l'organisation

Pour identifier clairement ces domaines, il convient de réaliser des ateliers avec les directions métiers et les directions fonctionnelles.

Chaque acteur doit décrire son périmètre, ses missions et ses objectifs.

L'animation de ces ateliers suit généralement les étapes suivantes :

- **Recenser les activités clés** : liste des activités qui génèrent de la valeur pour les clients ou usagers.

- **Qualifier ces activités** : déterminer si elles sont « cœur de métier » (stratégiques), « support » ou « cœurs » (indispensables à la structuration générale).

- **Valider la liste** : regrouper ou scinder certains domaines en fonction de la taille de l'organisation et de la pertinence d'un regroupement.

Par exemple, dans une entreprise de production et de distribution agroalimentaire, on pourrait aboutir à la structuration suivante :

- **Domaines stratégiques** : Production, achats de matières premières, distribution et logistique, commercial et marketing.

- **Domaines support** : Ressources Humaines, finance et comptabilité, juridique, contrôle de gestion.

- **Domaines cœurs** : Direction Générale, qualité et sécurité alimentaire, Direction Informatique.

  La granularité retenue pour la définition de ces domaines dépend de la complexité de l'organisation.

Il faut cependant éviter une sur-segmentation, qui rendrait l'analyse trop complexe et peu lisible.

Pour les détails, et les deux approches possibles rendez-vous dans l'annexe 1

2. Identification des processus et macro-processus

Une fois les domaines formellement identifiés, la prochaine étape consiste à lister et à décrire les processus ou macro-processus qui structurent chacune de ces entités.

Le niveau de détail dépendra des besoins, mais on recommande souvent une approche par « macro-processus », afin de rester gérable et compréhensible à l'échelle de l'entreprise.

1. Les macro-processus dans les domaines stratégiques

Dans le cas d'un domaine stratégique, les macro-processus traduiront les principales étapes permettant de créer de la valeur.

Par exemple, pour le domaine « Production » dans l'industrie agroalimentaire :

- **Macro-processus « Approvisionnement »** : gestion des matières premières, relations avec les fournisseurs, etc.

- **Macro-processus « Transformation »** : chaîne de production, contrôle qualité, etc.

- **Macro-processus « Conditionnement et expédition »** : emballage, mise en palette, préparation à l'expédition, etc.

2. Les macro-processus dans les domaines support

Pour un domaine support comme la finance, on peut retrouver des macro-processus tels que :

- Macro-processus « **Comptabilité générale** » : enregistrement des écritures, clôture comptable, etc.

- Macro-processus « **Trésorerie** » : gestion des flux de trésorerie, suivi des encaissements et décaissements, etc.

- Macro-processus « **Contrôle de gestion** » : élaboration des budgets, suivi des coûts, reporting, etc.

3. Les macro-processus dans les domaines cœurs

Les domaines cœurs, eux, sont parfois plus transverses. Pour une Direction Informatique, par exemple :

- Macro-processus « **Gestion de la demande** » : recueil des besoins, priorisation, cadrage de projets SI.

- Macro-processus « **Gestion des applications** » : développement, maintenance applicative, support utilisateurs.

- Macro-processus « **Gestion des infrastructures** » : exploitation, administration réseau et serveurs, sécurité, etc.

- Macro-processus « **Innovation et veille technologique** » : suivi des évolutions du marché, tests de nouvelles solutions, prototypage.

4. Niveau de détail nécessaire

Il est important de s'accorder sur un niveau de description suffisamment fin pour permettre une analyse des coûts.

Un macro-processus doit être découpé si plusieurs budgets distincts sont engagés, ou si plusieurs solutions informatiques différentes interviennent.

Dans le cas contraire, un regroupement est préférable pour maintenir la clarté de la lecture globale.

Attention, vous devez également prendre en compte les dépendances entre les macro-processus : il serait incohérent d'avoir un macro-processus vital à l'organisation dépendant d'un autre et bénéficiant d'investissements supérieurs à celui dont il dépend.

Pour les détails, et les deux approches possibles rendez-vous dans l'annexe 2

3. Identification des objets métiers

Chaque processus, qu'il soit stratégique, support ou cœur, manipule ou produit des « objets métiers ».

Un objet métier est un élément tangible ou intangible géré par l'organisation, souvent associée à une finalité bien précise.

Par exemple :

- Dans un macro-processus de production : l'« Ordre de fabrication » est un objet métier central, tout comme la « Fiche de contrôle qualité ».

- Dans un macro-processus de vente et marketing : la « Fiche client » ou la « Commande » sont des objets métiers.

- Dans un macro-processus RH : la « Fiche de poste » ou la « Fiche de paie » sont des objets métiers.

1. Rôle des objets métiers

Les objets métiers permettent de caractériser précisément les échanges entre processus et les actions réalisées.

Ils servent de référentiel fonctionnel pour comprendre ce que le SI doit gérer.

À titre d'exemple, un objet métier « Contrat client » fait intervenir à la fois le macro-processus commercial (création, négociation, signature) et le macro-processus financier (facturation, suivi des paiements).

2. Lien avec la cartographie des processus

Les objets métiers peuvent être listés et mis en relation avec les macro-processus correspondants via des fiches descriptives ou un outil de modélisation.

On peut réaliser un tableau récapitulatif :

Domaine	Macro-processus	Objet(s) métier(s)	Description succincte
Stratégique	Production	Ordre de fabrication, Plan de lot	Document qui décrit les opérations à réaliser
Stratégique	Marketing & Communication	Fiche client, Campagne marketing	Données relatives à l'identification et au suivi client, etc.

Domaine	Macro-processus	Objet(s) métier(s)	Description succincte
Support	Finance	Facture, Fiche de paie	Éléments financiers et comptables
Cœur	DSI	Ticket d'incident, Demande d'évolution	Documents décrivant un besoin IT, un bug, etc.

Cette vision claire de ce qui est manipulé dans l'entreprise est la base de la prochaine étape : l'identification des objets de données dans le SI.

Autant les processus peuvent être quelque peu ignorés par le DSI, autant les objets métiers doivent être connus.

NB : il est fort probable que dans une très grande organisation, les processus métiers soient différents selon les antennes locales ou les magasins par exemple, mais les objets métiers resteront les mêmes : c'est pour cela que les processus peuvent (parfois) être ignorés.

Pour les détails, et les deux approches possibles rendez-vous dans l'annexe 3

4. Identification des objets de données

Pour gérer les objets métiers, un système d'information manipule des objets de données.

Ces objets de données sont la représentation numérique des objets métiers.

Par exemple, pour un objet métier « Commande client », il y aura une table ou un ensemble de tables en base de données avec des champs (numéro de commande, date, nom du client, détails produits, etc.).

1. Importance des objets de données

Le lien entre l'objet métier et l'objet de données est fondamental pour la traçabilité des coûts.

En effet, chaque objet de données sera géré par un ou plusieurs logiciels (ERP, CRM, logiciel de paie, etc.), et c'est généralement l'utilisation de ces logiciels qui entraîne les coûts (licences, maintenance, infrastructure, etc.).

Les objets données entraineront des coûts liés au stockage, sauvegarde mais également : gouvernance, gestion, etc. ...

2. Approche pour recenser les objets données

Il peut être utile de construire un dictionnaire de données et une modélisation conceptuelle (modèle conceptuel de données) permettant de décrire :

- Les attributs principaux (champs) de chaque objet de données.

- Les relations clés entre ces objets (par exemple, une « Commande client » est associée à un ou plusieurs « Produits »).

- Le ou les processus qui utilisent et modifient chaque objet de données.

Le recours à une équipe de gestion de la donnée (Data Management) ou à un référentiel existant (notamment dans des entreprises dotées d'un ERP) simplifie le travail de recensement.

Dans de plus petites structures, ce travail peut se faire via des entretiens métier et la consultation des manuels utilisateurs des applications existantes.

3. Exemples pratiques

- **Objet métier : Fiche de poste –> Objet de données : Table « Poste » dans la base RH** avec des champs comme « Titre du poste », « Département », « Niveau de salaire », etc.

- **Objet métier : Ordre de fabrication –> Objet de données : Table « Ordre_Fab »** avec des champs comme « Numéro d'ordre », « Date de création », « Ligne de production concernée », etc.

Pour les détails sur l'approche possibles rendez-vous dans l'annexe 4

5. Cartographie des logiciels, infrastructures et coûts

À ce stade, on dispose d'une vision claire des processus et des objets métiers/objets données qu'ils manipulent.

Il s'agit maintenant de dresser la cartographie des logiciels et des infrastructures qui supportent ces objets de données.

L'objectif est d'arriver à une liste la plus exhaustive possible des applications et des composants techniques nécessaires à leur fonctionnement.

1. Logiciels métiers

Les logiciels métiers sont directement dédiés à la gestion des processus opérationnels.

Il peut s'agir :

- De logiciels ERP (Enterprise Resource Planning) ou d'outils spécifiques développés en interne.

- De logiciels de CRM (Customer Relationship Management), de paie, de facturation, etc.

- De plateformes e-commerce, d'outils de gestion de production, de logiciels de reporting et d'analyse, etc.

- Logiciels maison, logiciels éditeurs spécialisés, etc.

Pour chaque logiciel, on notera :

1. **Le périmètre fonctionnel** : Quels processus / macro-processus sont couverts ?

2. **Les objets de données gérés** : Sur quelles tables ou quelles données agit le logiciel ?

Les logiciels ne sont finalement que destinés à transférer des flux de données et appliquer des règles métier.

3. **La volumétrie** (si pertinente) : Nombre d'utilisateurs, volume de transactions, etc.

4. **Les coûts liés à ce logiciel** :

   o **Coûts de licence** : s'il s'agit d'un logiciel commercial.

   o **Coûts de maintenance** : support éditeur, maintenance corrective et évolutive.

   o **Coûts de formation** : formation initiale et continue des utilisateurs.

   o **Coûts de développement** : pour les solutions développées en interne ou spécifiques.

2. Infrastructures techniques

Outre les logiciels, l'infrastructure technique doit aussi être prise en compte. Il s'agit :

- Des serveurs (physiques ou virtuels).

- Des systèmes de stockage.

- Des réseaux (LAN, WAN, VPN, etc.).

- Des solutions de virtualisation et des containers.

- Des solutions de Cloud (IaaS, PaaS, SaaS).

Pour chaque composant d'infrastructure :

1. **Identifier son rôle** (hébergement d'applications, stockage de fichiers, backup, etc.).

2. **Relier le composant aux logiciels qu'il supporte.**

3. **Évaluer les coûts :**

   o **Coûts d'acquisition** (CAPEX) si l'infrastructure est on-premise.

   o **Coûts d'exploitation** (OPEX) comme l'électricité, la climatisation, l'hébergement, etc.

   o **Coûts de maintenance** et d'infogérance.

   o **Coûts liés à la supervision et à la sécurité.**

3. Méthodologie de collecte des coûts

Recueillir les coûts peut s'avérer complexe.

Il faut procéder par :

- **Analyse des contrats de licences** : vérifier les modes de facturation (par utilisateur, par module, par volume de données).

  Nb : ce travail aurait idéalement fait au moment de la contractualisation.

- **Analyse des factures cloud** (Amazon Web Services, Microsoft Azure, Google Cloud, etc.) si l'organisation utilise des services en Cloud public.

- **Analyse des dépenses d'infrastructure internes** : budgets annuels de renouvellement de serveurs, contrats de maintenance, etc.

- **Analyse RH** : recenser le temps passé par les équipes internes (informaticiens, administrateurs système, etc.) et le valoriser financièrement.

Un tableur ou un logiciel de gestion de projets financiers peut faciliter la consolidation de toutes ces informations.

La traçabilité entre logiciel, infrastructure, et processus est essentielle pour la suite de la démarche.

Pour les détails sur l'approche possibles rendez-vous dans l'annexe 5

6. Ventilation et analyse des coûts

Une fois la cartographie réalisée, on dispose d'un inventaire de toutes les solutions informatiques (logiciels + infrastructures), ainsi que des coûts associés.

L'étape suivante consiste à **ventiler** ces coûts par macro-processus, de manière à comprendre précisément combien l'entreprise dépense pour chacun des domaines et de leurs processus.

1. Les principes de ventilation

La ventilation doit refléter l'utilisation réelle des logiciels et des infrastructures.

Par exemple, si un logiciel CRM n'est utilisé qu'à 70 % pour le macro-processus « Relation client » et à 30 % pour la « Gestion des leads marketing », alors il faut ventiler 70 % du coût du CRM vers le premier macro-processus et 30 % vers le second.

2. Méthode de répartition

Pour réaliser cette répartition :

1. **Identifier l'usage du logiciel** : Qui l'utilise, à quelle fréquence, pour faire quoi ?

2. **Quantifier l'usage** : Nombre de licences par service, temps effectif d'utilisation, etc.

3. **Affecter les coûts** : Proportionner les coûts de licence, maintenance, et infrastructure en fonction de cette clé de répartition.

4. **Tenir compte des particularités** : Certains coûts peuvent être fixes et indivisibles (ex. un serveur mutualisé).

   Dans ce cas, il faudra définir une clé de répartition approximative (par exemple, au prorata du nombre de processeurs virtuels utilisés par chaque application).

3. Consolidation par domaines et macro-processus

Une fois la répartition effectuée, on obtient un tableau de ce type :

Domaine / Macro-processus	Logiciel A	Logiciel B	Infra X	Infra Y	Coût total
Domaine stratégique 1 / Macro1	20 000€	10 000€	5 000€	2 000€	37 000€
Domaine stratégique 1 / Macro2	5 000€	5 000€	3 000€	1 000€	14 000€

Domaine / Macro-processus	Logiciel A	Logiciel B	Infra X	Infra Y	Coût total
Domaine support / Macro1	10 000€	-	2 000€	1 000€	13 000€
...	...	...	...	...	...

On agrégera ensuite les totaux par domaine (stratégique, support, cœur) et par macro-processus.

Ce tableau, ou un équivalent sous forme de rapport, constitue le socle pour la prise de décision.

4. Interprétation et analyse

- **Comparaison coûts réels vs. importance stratégique :** Identifier les macro-processus clés qui pèsent peu ou trop dans la balance.

- **Identification des anomalies :** Certains processus peuvent dépenser bien plus que prévu initialement, ce qui appelle un examen plus détaillé de la situation (défaut de mutualisation, coût de licence disproportionné, etc.).

- **Recherche de leviers d'optimisation :** Mutualisation d'infrastructures, migration vers une solution moins coûteuse, renégociation de contrats de licences, etc.

7. Détermination d'un équilibre cible et réorientation des investissements

Disposer d'une cartographie complète des dépenses SI est un atout majeur, mais la finalité est de comprendre si cette répartition est alignée avec les priorités stratégiques de l'organisation et, si besoin, d'ajuster le tir.

1. Définition de l'équilibre cible

L'équilibre cible correspond à la ventilation idéale des coûts pour soutenir la stratégie de l'entreprise.

Il nécessite la participation des dirigeants et responsables de domaines.

Les questions à se poser sont :

- **Quels sont les domaines stratégiques prioritaires qui doivent être le mieux servis par le SI ?**

- **Y a-t-il des processus en sur-investissement ou sous-investissement ?**

- **Quelles sont les priorités de transformation digitale ?**

Une organisation qui mise sur l'innovation devra sans doute flécher davantage de budget vers la R&D, l'analyse de données et l'architecture Cloud, par rapport à une organisation dont l'enjeu principal est la réduction de coûts et la stabilisation de l'ERP existant.

2. Outils et méthodes d'aide à la décision

- **Analyse « Value vs. Cost »** : Positionner chaque macro-processus sur un diagramme évaluant la valeur ajoutée vs. le coût.

  Les processus en « Low value / High cost » sont ceux à optimiser en priorité.

- **Feuille de route d'évolution du SI** : Intégrer les résultats de l'analyse de coûts dans la roadmap IT de l'organisation, en planifiant des optimisations (consolidation d'infrastructures, migrations applicatives, refontes, etc.).

- **Scénarios d'investissement** : Modéliser plusieurs scénarios budgétaires (scénario de stabilisation, scénario de croissance, scénario d'innovation) et déterminer les impacts sur la répartition des coûts.

3. Mise en œuvre opérationnelle

La DSI joue souvent un rôle pivot dans la réorientation des investissements, en collaboration étroite avec la direction générale et les directions métiers.

Les actions possibles incluent :

- **Réallouer les budgets** : Réduire l'enveloppe dédiée à certains domaines support ou cœurs au profit de projets stratégiques.

- **Renégocier les contrats** : Licences logicielles, contrats Cloud, maintenance.

- **Réduire le shadow IT** : Identifier des applications non-officielles mais qui consomment budget et support.

- **Mettre en place une gouvernance financière du SI :** Poursuivre l'analyse des coûts sur plusieurs exercices pour assurer un suivi continu.

Conclusion et perspectives

La mise en place d'un dispositif de mesure et d'analyse des coûts du système d'information est un enjeu majeur pour toute organisation souhaitant gagner en compétitivité et en efficacité.

À travers cette méthode, nous avons détaillé les étapes fondamentales :

1. **Définir les domaines** (stratégiques, support, cœurs) pour avoir une vision structurée de l'organisation.

2. **Recenser les macro-processus** qui animent chacun de ces domaines, dans le but d'identifier les lieux de création et de transformation de la valeur.

3. **Lister les objets métiers** qui matérialisent les livrables des processus, permettant de comprendre précisément ce qui est géré par l'entreprise.

4. **Faire le lien avec les objets de données** dans le SI, ce qui permet de rattacher chaque coût (logiciel, infrastructure, maintenance) aux processus et donc à la stratégie.

5. **Cartographier l'ensemble des solutions informatiques** (applications, serveurs, réseaux, etc.) et en évaluer les coûts détaillés.

6. **Ventiler ces coûts** selon le principe d'usage et d'affectation par macro-processus, afin d'obtenir un véritable tableau de bord financier du SI.

7. **Analyser la répartition des dépenses** pour vérifier la cohérence par rapport aux objectifs et éventuellement proposer un rééquilibrage, ou un « équilibre cible ».

Solve DSI

8. **Mettre en place des actions correctrices** pour mieux aligner les investissements SI sur la stratégie de l'organisation (réallocation de budgets, mutualisation, négociation, etc.).

1. Bénéfices attendus

- **Meilleure visibilité pour la direction générale** : Les décideurs peuvent comprendre clairement pourquoi et comment l'argent est dépensé dans le SI, et décider si cette répartition répond ou non aux objectifs de l'organisation.

- **Outil d'arbitrage budgétaire** : Les discussions sur les priorités et les investissements se font sur la base d'éléments chiffrés et partagés.

- **Optimisation continue** : La méthode peut être répétée périodiquement (annuellement ou semestriellement) pour suivre l'évolution des coûts et s'adapter aux nouveaux besoins métiers.

2. Facteurs clés de succès

- **Impliquer l'ensemble des acteurs** (directions métiers, financiers, DSI) dès le départ pour garantir la qualité et la fiabilité des données.

- **Maintenir un référentiel centralisé** : Les données relatives aux coûts, aux applications et aux infrastructures doivent être stockées dans un outil ou un repository accessible et à jour.

- **Veiller à la simplification** : Ne pas tomber dans l'excès de détail, qui rendrait le modèle ingérable.

  Il convient de trouver le bon niveau de granularité.

- **Communiquer** : Présenter régulièrement les résultats aux différentes parties prenantes, expliquer la méthodologie, mettre en évidence les gains (ou surcoûts) pour encourager l'implication de tous.

3. Perspectives d'évolution

- **Couplage avec la gestion des risques** : Une fois les coûts identifiés, il est possible de croiser ces informations avec les risques opérationnels (cyber-sécurité, obsolescence, etc.) pour prioriser les investissements.

- **Integration avec la démarche d'Architecture d'Entreprise** : Relier la cartographie fonctionnelle, applicative et technologique à la cartographie de coûts afin d'avoir une vision holistique de la transformation digitale.

- **Élargissement à la mesure de la performance** : Au-delà des coûts, associer des indicateurs de performance métier (KPI) pour mesurer la contribution du SI aux résultats de l'entreprise.

Cette méthode structurée fournit un socle solide pour comprendre et optimiser la répartition des coûts d'un système d'information.

Elle permet d'éviter de piloter « à l'aveugle » et de mettre en évidence les zones de surinvestissement ou de sous-investissement.

Bien mise en œuvre, elle agit comme un puissant levier d'amélioration continue, au service des objectifs stratégiques et de la performance globale de l'organisation.

Annexe 1 : Identification des domaines de l'organisation méthodologie

Dans toute démarche visant à structurer et à piloter efficacement un Système d'Information, l'identification claire des *domaines* de l'entreprise constitue une étape fondamentale.

Le choix de cette segmentation influe directement sur la lisibilité de la gouvernance, sur la répartition des responsabilités et, in fine, sur la capacité de la DSI à maîtriser les coûts et à aligner les technologies sur les priorités métiers.

On distingue traditionnellement trois grandes catégories de domaines : les **domaines stratégiques**, qui portent le cœur de l'activité et la création de valeur, les **domaines support**, qui fournissent les ressources et les services transverses indispensables au fonctionnement de l'organisation, et les **domaines cœurs**, souvent considérés comme des domaines critiques ou transverses, venant soutenir à la fois les domaines stratégiques et les domaines support.

Derrière ce triptyque se cache toutefois une réalité plus complexe.

Chaque entreprise a sa propre culture, son historique, sa taille et son positionnement sur le marché.

Ainsi, la segmentation en domaines doit être adaptée au contexte, et il n'existe pas de modèle universel qui conviendrait à toutes les organisations, même s'il existe des points très communs entre banques, assurances, télécoms, etc.

Par ailleurs, il est nécessaire de trouver un juste équilibre entre une granularité trop fine, qui compliquerait la gouvernance, et une granularité trop large, qui masquerait des différences majeures d'objectifs et de moyens.

Pour relever ce défi, on peut distinguer deux grandes approches complémentaires :

1. Une **approche « top-down »** (descendante), qui part de la stratégie globale de l'entreprise et de ses finalités pour déterminer progressivement les grands domaines, puis y rattacher les principales activités.

2. Une **approche « bottom-up »** (ascendante), qui prend appui sur les structures et les processus déjà existants, ainsi que sur la réalité opérationnelle, pour regrouper et formaliser des ensembles cohérents tenant lieu de domaines.

Dans les sections qui suivent, nous allons présenter en détail ces deux approches, en mettant en évidence leurs avantages, leurs limites, et la manière de les articuler pour parvenir à une segmentation pertinente.

Nous proposerons également des exemples concrets, des conseils pratiques, et nous verrons comment cette identification des domaines contribue de manière décisive à la bonne gouvernance du SI, qu'il s'agisse de maîtriser les coûts, d'assurer la conformité réglementaire, de clarifier les responsabilités ou encore de mieux impliquer la DSI dans la stratégie globale de l'organisation.

1. Approche « top-down » : partir de la stratégie pour définir les domaines

1.1. Principe général

L'approche top-down s'inscrit dans une logique de cohérence stratégique.

Solve DSI

Elle part de la vision, de la mission et des objectifs globaux de l'entreprise pour décliner progressivement les activités en macro-domaines.

Dans cette perspective, on ne se demande pas d'emblée « Comment l'entreprise est-elle déjà organisée ? », mais plutôt :
Quelles sont les finalités majeures ?
Quelles activités créent la valeur économique ou de service ?
Quelles fonctions transverses permettent de soutenir ces activités ?
Quelles sont les composantes critiques ou piliers sans lesquels tout le reste s'effondrerait ? : C'est souvent le cas du SI d'ailleurs.

Autrement dit, le point de départ est souvent un document stratégique (plan directeur, feuille de route de l'entreprise, schéma directeur SI, etc.) ou des entretiens avec le top management visant à comprendre ce qui constitue le cœur de l'activité et la source de différenciation.

On cherche ensuite à rattacher chaque groupe d'activités à l'une des trois grandes catégories : *stratégique*, *support*, ou *cœur*.

Par exemple, dans une firme automobile, on saura que la **production** et la **R&D** de nouveaux véhicules constituent des domaines stratégiques, tandis que la **Direction Financière** ou la **Direction des Ressources Humaines** sont des domaines support, et que la **Direction Informatique** ou la **Direction de la Qualité** peuvent être considérées comme des domaines cœurs.

1.2. Avantages

1. **Alignement fort sur la stratégie** : En partant des finalités globales de l'entreprise, on s'assure que la segmentation reflète réellement les priorités et les axes de développement voulus par la direction générale.

2. **Vision claire des responsabilités** : Les directions stratégiques, supports et cœurs s'inscrivent dans une hiérarchie logique, la compréhension du rôle de chacun est facilitée.

3. **Participation du top management** : Les dirigeants sont impliqués en amont, ce qui renforce l'adhésion à la démarche.

   Ils soutiennent la segmentation car elle reflète leur propre vision.

1.3. Limites

1. **Risque de survol** : Si on ne descend pas suffisamment dans la réalité opérationnelle, on peut ignorer des activités importantes ou minimiser certaines spécificités locales (notamment dans les grandes multinationales).

2. **Formalisation exigeante** : Cette approche suppose que la stratégie de l'entreprise soit déjà explicite et formalisée.

   Dans certains contextes, la stratégie est floue ou non partagée, ce qui complique la mise en œuvre.

3. **Manque de nuances** : Des enjeux comme la logistique peuvent être à la fois stratégiques et support selon l'entreprise, la classification peut nécessiter des arbitrages difficiles.

1.4. Mise en œuvre concrète

Pour que l'approche top-down soit efficace, on organise généralement des *ateliers de cadrage stratégique*, réunissant la direction générale et les responsables des principaux pôles. Ces ateliers se déroulent en plusieurs étapes :

1. **Analyse de la mission et de la vision de l'entreprise** : Quels sont les métiers ? Quels marchés ou quels services publics sont visés ? Quels sont les clients ou usagers cibles ?

2. **Identification des activités « cœur » de la création de valeur** : S'agit-il de la production, de la R&D, de l'innovation marketing, de la prestation de services ? Ces activités constituent les *domaines stratégiques*.

3. **Listage des fonctions transverses** : Quelles fonctions sont indispensables mais ne relèvent pas du cœur d'activité (finance, RH, administration, etc.) ? Elles forment les *domaines support*.

4. **Repérage des piliers critiques** : Parmi les fonctions transverses, certaines ont un impact déterminant sur l'ensemble de l'entreprise ou possèdent une dimension de gouvernance. Ce sont les *domaines cœurs*.

5. **Validation et consolidation** : On confronte cette première esquisse à la réalité terrain. Des ajustements sont souvent nécessaires, notamment pour clarifier la frontière entre un domaine stratégique et un domaine support.

1.5. Exemple illustratif

Prenons une entreprise de conseil en transformation numérique. La **Direction des Offres et Solutions** (conception de nouvelles offres, relation avec les partenaires technologiques) et la **Direction du Delivery** (accompagnement projet, consulting) peuvent être jugées *stratégiques*, car elles portent directement la valeur ajoutée pour les clients.

La **Direction Financière** (facturation, contrôle de gestion, comptabilité), la **Direction des Ressources Humaines** (recrutement de consultants, gestion des compétences, paie), et la **Direction Juridique** (contrats clients, conformité) seront alors *support*.

Solve DSI

Enfin, la **Direction Informatique**, qui fournit les infrastructures et les applications internes, et la **Direction de la Qualité**, qui veille aux bonnes pratiques, peuvent s'avérer être des *domaines cœurs*, car ils soutiennent aussi bien les équipes commerciales (stratégiques) que les équipes administratives (support).

2. Approche « bottom-up » : partir de l'existant et de la réalité opérationnelle

2.1. Principe général

À l'inverse, l'approche bottom-up consiste à s'appuyer sur la structuration déjà en place dans l'organisation, qu'elle soit formalisée ou de facto, pour en déduire des *domaines*.

On regarde comment les entités ou départements sont répartis (organigrammes, répartition budgétaire, répartition géographique), puis on tente de comprendre leurs missions et leurs interactions.

Peu à peu, on regroupe ces entités en grandes catégories correspondant aux trois axes (stratégiques, supports, cœurs).

En pratique, cette méthode est souvent utilisée lorsqu'il existe déjà un organigramme détaillé ou une histoire d'acquisitions/fusions, et que l'on souhaite clarifier la situation sans forcément repartir de la stratégie à un niveau théorique.

Il peut aussi s'agir de procéder par recensement des *processus clés* et de voir quels départements ou équipes en sont responsables, afin de constituer des ensembles cohérents.

2.2. Avantages

1. **Pragmatisme** : On part de ce qui existe réellement, ce qui évite les décalages théoriques ou les projets trop ambitieux qui ne prennent pas en compte la culture d'entreprise.

2. **Gain de temps** : Si l'organisation est déjà relativement structurée, il s'agit davantage d'une relecture et d'une simplification que d'une refonte totale.

3. **Moins de résistance au changement** : On ne bouscule pas radicalement la hiérarchie existante.

L'approche est souvent mieux acceptée par les opérationnels, car elle valorise leur mode de fonctionnement actuel.

2.3. Limites

1. **Risque d'inertie** : En partant de l'existant, on peut valider des structures inadaptées à la stratégie de l'entreprise, ou maintenir des silos qui auraient pu être remis en question.

2. **Hétérogénéité et complexité** : Dans une grande organisation, notamment si elle est multi-sites ou issue de rachats successifs, l'existant peut être très disparate.

Regrouper ces entités en domaines clairs demande un effort d'harmonisation important.

3. **Focalisation sur la photo actuelle** : L'approche bottom-up ne place pas toujours au premier plan les évolutions stratégiques à venir.

On risque de ne pas anticiper suffisamment les transformations futures.

2.4. Mise en œuvre concrète

Pour formaliser l'approche bottom-up, on organise souvent des *ateliers avec les directions métiers et fonctionnelles*, en s'appuyant sur l'organigramme existant et sur la connaissance des processus opérationnels :

1. **Recenser les services et entités** : Lister tous les départements, directions, filiales, antennes locales, etc.

2. **Examiner leurs missions et objectifs** : Chaque direction ou service explique son périmètre (missions, clients internes/externes, indicateurs de performance).

3. **Identifier les grands axes** : Regrouper les entités qui relèvent du même domaine d'activité (ex. toutes les équipes commerciales et marketing pourraient intégrer un même pôle, ou bien être scindées si elles sont très différentes).

4. **Classer ces ensembles en stratégique, support ou cœur** : Sur la base de critères comme la contribution directe à la création de valeur, le caractère transversal ou le positionnement en tant que « socle critique ».

5. **Valider et affiner** : Les managers et la DSI valident la cohérence de ce regroupement par rapport aux échanges concrets entre les entités.

2.5. Exemple

Imaginons une entreprise de production et de distribution agroalimentaire, déjà structurée en plusieurs sites.

On réalise un inventaire des divisions :

- Division achats, division production, division distribution et logistique, division commerciale et marketing.

- Division RH, division finance et comptabilité, Division Juridique, Division Contrôle de gestion.

- Direction qualité et sécurité, direction générale, direction informatique.

On constate que les divisions achats, production, distribution et logistique et commerciale et marketing forment un noyau d'activités qui participe directement à la création de valeur.

Elles seront considérées comme *domaines stratégiques*.

Les divisions RH, finance et comptabilité, juridique, contrôle de gestion, qui fournissent des services transverses, deviennent des *domaines support*.

Enfin, la direction qualité et sécurité, la direction générale et la DSI, jouant un rôle critique de pilotage et de soutien, appartiennent aux *domaines cœurs*.

3. Comparaison et synergie entre les deux approches

3.1. Quand privilégier l'une ou l'autre ?

- **Approche top-down** : Adaptée lorsque l'entreprise dispose d'une vision stratégique claire et souhaite renforcer l'alignement entre la structure organisationnelle et les objectifs business.

  Utile aussi pour rationaliser une organisation trop focalisée sur la culture du « on a toujours fait comme ça ».

- **Approche bottom-up** : Pratique pour un contexte plus modeste ou très éclaté, où on préfère partir d'un inventaire précis de l'existant.

Idéale lorsque la stratégie n'est pas encore suffisamment formalisée, mais que l'on souhaite améliorer la lisibilité de la situation actuelle.

3.2. Possibilité de combiner les approches

Dans de nombreuses organisations, un **mélange** des deux méthodes s'avère pertinent. Il est possible de procéder ainsi :

1. **Analyse initiale top-down** : Identifier de grands axes stratégiques (ex. conquête de nouveaux marchés, diversification des produits, etc.) pour disposer d'une grille de lecture.

2. **Inventaire bottom-up** : Cartographier les services, départements et filiales, examiner leurs missions réelles et leurs processus opérationnels.

3. **Consolidation** : Confronter la structure obtenue à la feuille de route stratégique.

   Valider que chaque domaine sert la stratégie et éviter de sanctuariser des entités qui n'auraient plus de raison d'être.

3.3. Effets sur la maîtrise des coûts et la gouvernance du SI

La segmentation en domaines a un impact direct sur la **gouvernance du SI** et la **maîtrise des coûts** :

- **Pilotage budgétaire** : Une fois les domaines définis, la DSI peut affecter les coûts (licences logicielles, infrastructure, maintenance, RH, etc.) par domaine, ce qui donne une meilleure visibilité pour déterminer si les dépenses sont en adéquation avec la valeur ou le service rendu.

- **Responsabilités claires** : Chaque domaine peut se voir attribuer un responsable, avec des indicateurs de performance partagés.

  Cela facilite le dialogue entre la DSI et les métiers, et évite le flou sur les décisions d'investissement.

- **Mutualisation ou rationalisation** : Lorsque les domaines sont identifiés, la DSI peut repérer si plusieurs domaines support gèrent des applications similaires.

  Il est alors possible de mutualiser des solutions pour réduire les coûts.

- **Alignement stratégique** : En s'assurant que les domaines stratégiques bénéficient de ressources SI à la hauteur de leur importance, la direction générale optimise l'apport du numérique dans la création de valeur.

4. Conseils et bonnes pratiques

4.1. Ne pas sur-segmenter

L'un des risques majeurs dans l'identification des domaines est de tomber dans un découpage trop fin.

La **lisibilité** et l'**efficacité** doivent primer.

Par exemple, regrouper la finance, la comptabilité et le contrôle de gestion dans un même domaine support « finance et contrôle » peut être plus judicieux que de les éclater en trois domaines distincts, si ces fonctions collaborent étroitement et sont sous la même direction.

4.2. Impliquer toutes les parties prenantes

La définition des domaines ne peut pas être une démarche purement descendante ou purement technique.

Elle doit impliquer :

- **La direction générale** : pour valider le cadrage stratégique et avoir un sponsor fort.

- **Les directeurs métiers** : pour s'assurer que l'on ne néglige pas les spécificités de chaque activité.

- **La DSI** : garante de la faisabilité technique et du lien entre la structure organisationnelle et l'infrastructure SI.

- **Le DAF ou le contrôle de gestion** : pour mettre en place une répartition budgétaire une fois les domaines fixés.

4.3. Documenter et formaliser

Une **note de cadrage** ou un **document de référence** décrivant chaque domaine, sa finalité et la liste des processus majeurs qu'il couvre est indispensable pour que tout le monde s'aligne sur la même définition.

Cette documentation doit inclure :

- Le **nom du domaine** et son statut (stratégique, support, cœur).

- Les **objectifs** du domaine et les **indicateurs** de performance associés.

- Les **processus les plus importants**.

- Les **responsables** et les **équipes** concernées.

- Les **périmètres géographiques** ou les filiales incluses.

4.4. Prévoir l'évolution

L'organisation n'est pas figée : de nouveaux produits, de nouveaux canaux de distribution, des rachats ou des scissions peuvent bouleverser la donne.

Il est donc sage de considérer la segmentation en domaines comme un **document vivant**, révisable périodiquement (une fois par an, par exemple) ou à chaque événement majeur.

Cette anticipation évite les restructurations brutales et permet de maintenir la cohérence entre la gouvernance et la réalité de l'entreprise.

4.5. Outiller la démarche

Pour faciliter l'identification et la gestion des domaines, il peut être intéressant de recourir à :

- Des outils de **BPM** (Business Process Management) pour cartographier les processus et leurs relations.

- Des outils de **modélisation d'architecture d'entreprise** permettant d'associer des entités organisationnelles, des applications, des flux de données et des coûts.

- Des plateformes de **collaboration** pour partager la documentation et recueillir le feedback des parties prenantes.

5. Illustrations pratiques et pièges fréquents

5.1. Gérer la complexité dans les grandes structures

Dans les entreprises très étendues ou multinationales, on observe souvent des doublons fonctionnels, des marques ou filiales qui opèrent quasiment comme des entités indépendantes.

Le découpage en domaines peut alors se faire **à deux niveaux** :

1. Un **niveau global** (Corporate) : détermination des grands domaines stratégiques, supports et cœurs, partagés par l'ensemble du groupe.

2. Un **niveau local** : déclinaison plus fine au sein de chaque filiale, où l'on identifie des sous-domaines particuliers.

La condition de réussite est de **maintenir la cohérence** entre ces deux niveaux, pour que la direction générale puisse consolider la vision d'ensemble, tout en laissant aux entités locales une certaine flexibilité.

5.2. Éviter la confusion avec les processus

Il faut distinguer clairement **l'identification des domaines** (qui segmentent l'organisation en grands périmètres de responsabilité) de **l'identification des processus** (qui décomposent les activités au sein de chaque domaine).

Les deux sont complémentaires :

- Les **domaines** répondent à la question « Qui ? Pour quoi faire ? ».

- Les **processus** répondent à la question « Comment ? Avec quelles étapes successives ? ».

Tenter de cartographier simultanément les domaines et les processus peut devenir lourd.

Il est souvent judicieux de commencer par les domaines (ou en tout cas par une vue macro) pour clarifier le cadre général, puis d'entrer dans le détail des processus dans un second temps.

5.3. Gérer les chevauchements

Dans certains cas, des domaines peuvent se chevaucher.

Par exemple, la **logistique** peut être considérée à la fois comme un domaine stratégique (si c'est un facteur clé de différenciation) et un domaine support (si elle ne fait que livrer des produits conçus ailleurs).

L'important est de poser des **critères clairs** pour qualifier un domaine de stratégique, de support ou de cœur. Ces critères peuvent inclure :

- **Impact direct sur la valeur perçue par le client** ou l'usager.

- **Lien étroit avec la mission ou le cœur de métier.**

- **Degré de transversalité** et de criticité pour le fonctionnement global.

Si le chevauchement persiste, on peut accepter une classification conjointe (ex. la logistique est rattachée aux domaines stratégiques **et** fait partie des piliers critiques ou cœurs), mais cela doit être dûment justifié et compris par tous.

6. Conclusion : un socle pour la gouvernance et la performance du SI

L'identification des domaines de l'organisation est plus qu'un simple exercice de classification.

Elle se révèle être **un socle** majeur pour la performance et la gouvernance du Système d'Information.

En effet, une segmentation bien pensée permet :

1. De **clarifier les priorités** : Les domaines stratégiques reçoivent une attention particulière (investissements, ressources humaines, innovation), tandis que les domaines support et cœurs sont reconnus pour leur rôle essentiel de soutien et de pilotage.

2. D'**optimiser la répartition des budgets** : La DSI peut plus aisément allouer ses coûts (logiciels, matériels, maintenance) en fonction de la valeur réelle apportée à chaque domaine.

3. De **faciliter les échanges** : Les directions métiers savent à qui s'adresser pour un besoin spécifique, et la DSI identifie plus rapidement les interlocuteurs compétents.

4. De **promouvoir la transversalité** : Les domaines cœurs, notamment la Direction Informatique ou la Direction Générale, peuvent jouer pleinement leur rôle de « chef d'orchestre », en supportant simultanément les activités stratégiques et les fonctions de support.

5. De **préparer l'avenir** : Lorsque la stratégie évolue (lancement d'un nouveau produit, expansion internationale, fusion), la révision de la segmentation en domaines permet d'absorber plus facilement les changements et de préserver la cohérence globale.

Pour réussir ce travail, deux grandes approches se détachent.

La voie top-down, qui part de la stratégie, est particulièrement utile pour aligner la structure sur les objectifs de l'entreprise et renforcer la cohésion autour d'une vision commune.

La voie bottom-up, davantage empirique, met en valeur la réalité opérationnelle et peut être plus adaptée lorsqu'on dispose déjà d'un organigramme fonctionnel ou lorsqu'on souhaite limiter les frictions.

Très souvent, les organisations combinent les deux méthodes pour aboutir à une vision finale pragmatique et durable.

Bien entendu, cette segmentation en domaines n'est qu'une étape : elle doit se prolonger par une description plus fine des **processus**, puis par l'**identification des objets métiers** et des **objets de données** au sein du SI.

Ensemble, ces différentes strates de description forment la *cartographie globale* de l'organisation et de son SI.

Elles fournissent un langage commun et un référentiel partagé pour piloter les transformations, négocier les arbitrages budgétaires et conduire la conduite du changement auprès des équipes.

Le fait de distinguer clairement **domaines stratégiques, domaines support** et **domaines cœurs** donne à la DSI et aux décideurs une *boussole* pour orienter leurs choix.

Ceci contribue à instaurer une gouvernance plus transparente, plus collaborative et, surtout, plus réactive aux évolutions du marché ou du contexte public.

Dans un monde où les systèmes d'information tiennent une place centrale, prendre le temps de segmenter l'entreprise de manière lucide et structurée représente un investissement précieux pour assurer la compétitivité et la pérennité de l'organisation.

Annexe 2 : Indentification des processus et macro-processus méthodologie

Après avoir identifié et segmenté les domaines (stratégiques, support et cœurs), il convient de lister et de décrire les processus ou macro-processus qui structurent les activités de ces domaines.

Cette description détaillée permet à la fois de comprendre comment l'entreprise crée de la valeur (dans le cas des domaines stratégiques), fournit des services transverses (pour les domaines support) et garantit les fondations critiques (dans les domaines cœurs).

Toutefois, la manière de procéder pour repérer et modéliser ces processus peut prendre plusieurs formes.

Dans d'autres chapitres, nous avons et nous verrons encore les approches « top-down » ou « bottom-up ».

Dans celui-ci, nous proposerons deux autres types d'approches :

1. **L'approche par la chaîne de valeur**, qui s'appuie sur une représentation de l'ensemble des activités de l'organisation en suivant la logique de création de valeur pour le client ou l'usager.

2. **L'approche par la maturité BPM**, qui consiste à évaluer le niveau de formalisation et de maîtrise des processus déjà existants pour choisir la meilleure manière de structurer et décrire les macro-processus.

Ces deux approches constituent des alternatives (ou des compléments) aux démarches classiques.

Elles peuvent s'avérer particulièrement pertinentes dans certains contextes, selon si l'organisation dispose ou non d'un référentiel déjà établi (comme une cartographie de processus), d'une culture de gestion de la chaîne de valeur, ou d'un niveau de maturité suffisant sur les méthodologies BPM (Business Process Management).

Nous verrons, pas à pas, comment chacune de ces approches peut être mise en œuvre, quels en sont les avantages, les limites et les bonnes pratiques.

Nous évoquerons également la question du **niveau de détail** nécessaire et de la **prise en compte des dépendances** entre macro-processus, qui est souvent négligée mais peut entraîner des répercussions majeures sur la cohérence des investissements informatiques et la performance globale de l'entreprise.

1. Les fondamentaux de l'identification des processus et macro-processus

Avant d'entrer dans les deux approches proposées, rappelons brièvement ce que l'on entend par *processus* et *macro-processus* :

- Un **processus** est un ensemble d'activités ou de tâches reliées entre elles par des flux de données ou d'informations, et dont l'enchaînement produit un résultat (un livrable, un service, un produit) à destination d'un client (interne ou externe).

- Un **macro-processus** est une version plus agrégée d'un processus, généralement décrite à un niveau de détail moins fin, ce qui permet une vue plus globale et « lisible » à l'échelle de l'entreprise.

Il est souvent recommandé de commencer à un niveau « macro » pour éviter de se perdre dans la complexité excessive.

Ce n'est qu'ensuite, si besoin, que l'on affine la description des **sous-processus.**

Par exemple, dans le domaine stratégique « Production » d'une entreprise agroalimentaire, on pourrait définir trois macro-processus : *approvisionnement, transformation,* et *conditionnement et expédition.* Chacun de ces macro-processus pourra être détaillé ultérieurement en plusieurs sous-processus ou activités.

Pourquoi insister sur les processus ? Parce qu'ils sont le fil conducteur entre la mission d'un domaine (qu'il soit stratégique, support ou cœur) et la manière dont cette mission se décline concrètement.

En cartographiant les processus, on identifie plus facilement :

- Les ressources nécessaires (humaines, matérielles par exemple).

- Les flux d'informations, et donc les objets de données manipulés.

- Les coûts associés, notamment lorsqu'il s'agit de répartir les investissements informatiques ou de repérer les éventuels gaspillages.

- Les interdépendances entre domaines : un processus dans un domaine stratégique peut dépendre d'un processus support ou d'un macro-processus cœur (par exemple, la gestion d'infrastructures informatiques critiques).

Attention enfin aux dépendances : Si un macro-processus vital (par exemple, la facturation) dépend d'un autre macro-processus (ex. la génération de devis) qui se voit allouer moins de moyens, cela peut créer des goulets d'étranglement et nuire à la performance globale.

Les investissements doivent donc refléter la réalité de ces liens de dépendance.

2. Approche par la chaîne de valeur

2.1. Principe général

La **chaîne de valeur** est un concept popularisé par Michael Porter, qui consiste à identifier l'ensemble des activités nécessaires pour fournir un produit ou un service au client final, depuis la conception jusqu'à la commercialisation (et même au-delà, avec le service après-vente).

Elle propose de classer ces activités en deux grandes catégories :

1. Les **activités principales** (ou primaires) : elles participent directement à la création de valeur pour le client.

   Il peut s'agir, par exemple, de la logistique d'approvisionnement, de la production, de la distribution, des ventes et du marketing, ou encore du service client.

2. Les **activités de soutien** (ou de support) : elles soutiennent et rendent possibles les activités principales (gestion des ressources humaines, technologie, achats généraux, etc.).

Cette vision est particulièrement adaptée pour cartographier les macro-processus des **domaines stratégiques** (activités principales) et des **domaines support** (activités de soutien).

Elle peut être étendue, dans une version plus moderne, aux **domaines cœurs** en les considérant comme des « piliers » de gouvernance ou d'expertise transversale (direction générale, direction informatique, qualité, etc.).

Dans l'approche par la chaîne de valeur, on commence donc par :

1. **Définir la chaîne de valeur de l'organisation** : Quelles sont les activités principales qui permettent de livrer le produit ou le service final ? Quelles sont les activités de soutien indispensables ?

2. **Identifier, pour chaque étape de la chaîne, les macro-processus** : Par exemple, si l'activité principale est la production, on peut lister « Approvisionnement », « Transformation », « Contrôle qualité », « Conditionnement », etc.

3. **Analyser les interactions** : Regarder comment les activités de soutien (finances, RH, etc.) et les domaines cœurs (DSI, gouvernance, etc.) viennent s'imbriquer dans la chaîne de valeur.

4. **Formaliser les dépendances** : Noter clairement où se situent les points critiques, c'est-à-dire les macro-processus dont la performance influe directement sur la valeur perçue par le client.

2.2. Exemples concrets

- Dans une **entreprise de production automobile,** la chaîne de valeur intègrera l'approvisionnement en pièces, la production des véhicules, la logistique de distribution, la vente et le service après-vente.

  Chaque segment de la chaîne peut être découpé en un ou plusieurs macro-processus (ex. « Chaîne d'assemblage », « Contrôle qualité final », « Expédition chez les concessionnaires », etc.).

  Les domaines support (finance, RH) et la DSI (domaine cœur) soutiennent ces macro-processus via le recrutement d'opérateurs, la gestion des stocks, les applications de pilotage des usines, etc.

- Dans une **banque**, on peut représenter la chaîne de valeur comme un enchaînement d'activités principales (conception de produits financiers, marketing, vente de produits bancaires, gestion de la relation client, traitement des opérations, etc.) soutenues par des activités transverses (formation des conseillers, gestion des risques, informatique, conformité réglementaire, etc.).

  On en déduira les macro-processus de souscription de produits, de gestion des comptes, de traitement des transactions, etc.

2.3. Avantages de l'approche par la chaîne de valeur

1. **Alignement sur la création de valeur** : On ne perd jamais de vue la raison d'être de l'organisation, ni l'impact réel sur le client ou l'usager.

   Les macro-processus sont identifiés en fonction de leur contribution directe ou indirecte à cette chaîne de valeur.

2. **Vision transversale** : On voit clairement comment chaque brique s'articule avec les autres, et où interviennent les domaines support et cœurs.

3. **Facilité d'analyse coûts/bénéfices** : Puisque la chaîne de valeur révèle le lien avec la satisfaction du client et la rentabilité, il devient plus aisé de prioriser les investissements SI.

2.4. Limites de l'approche

1. **Peut-être trop linéaire** : La chaîne de valeur traditionnelle (selon Porter) est parfois critiquée pour son aspect séquentiel, alors que dans de nombreux secteurs, la création de valeur peut être itérative ou collaborative (innovation, co-construction avec le client, etc.).

2. **Sous-estimation de certaines fonctions** : Certaines activités de soutien, comme la R&D, peuvent en réalité être très proches des processus stratégiques ou avoir un impact direct sur la valeur perçue.

3. **Exige une bonne connaissance du business model** : Si l'organisation n'a pas une vision claire de sa proposition de valeur ou de sa stratégie, la construction de la chaîne de valeur peut s'avérer délicate.

2.5. Bonnes pratiques pour la mise en œuvre

- **Impliquer les métiers** : Il est indispensable de travailler avec les responsables opérationnels pour qu'ils décrivent précisément leurs activités et leurs enjeux.

- **Ne pas se limiter aux fonctions traditionnelles** : Adapter le modèle de Porter si nécessaire (ex. ajouter un volet « innovation » ou « expérience client » dans les activités principales, si cela correspond à l'ADN de l'entreprise).

- **Cartographier progressivement** : Commencer par un schéma global de la chaîne de valeur, puis zoomer sur les macro-processus critiques ou les plus coûteux.

3. Approche par la maturité BPM

3.1. Principe général

La **maturité BPM** (Business Process Management) fait référence au niveau de formalisation, d'outillage et de pilotage des processus dans une organisation.

Certaines entreprises ont déjà mené des projets de modélisation exhaustive, disposent de référentiels BPMN, d'outils de gestion de workflow, ou encore de centres d'excellence dédiés à l'amélioration continue des processus.

D'autres, au contraire, fonctionnent encore de manière très informelle.

L'approche par la maturité BPM consiste à :

1. **Évaluer le degré de formalisation existant** : Quelles documentations, cartographies ou référentiels de processus sont déjà en place ?

   Y a-t-il des processus clés déjà modélisés de manière détaillée ?

2. **Classer les processus par niveau de maturité** : On peut par exemple distinguer les processus « déjà industrialisés » (avec des KPI, des outils et un responsable formel) de ceux « émergents » (pas ou peu formalisés, dépendants de l'expertise de quelques collaborateurs).

3. **Prioriser la formalisation** : Au lieu de tout cartographier uniformément, on va concentrer l'effort sur les processus qui sont stratégiques ou dont le niveau de maturité doit augmenter pour des raisons de performance ou de réduction des coûts.

4. **Identifier les macro-processus critiques** : Au regard du niveau de maturité, on isole ceux qui nécessitent un investissement majeur pour être sécurisés, optimisés ou mieux intégrés au SI.

En clair, cette approche se fonde sur l'idée que *tous les processus ne se valent pas en termes de formalisation*. On ne va pas cartographier avec la même précision un macro-processus ultra-routinier et un macro-processus essentiel pour la compétitivité.

L'effort de description et de pilotage doit être proportionné aux enjeux métiers et au niveau de maturité actuel.

3.2. Exemples concrets

- **Organisation avec un socle BPM solide** : Une grande entreprise de services financiers peut avoir déjà un référentiel de processus complet pour la partie back-office (ouverture de compte, traitement des demandes, etc.), tandis que la partie front-office (vente de produits complexes, conseil en investissement) reste peu modélisée et dépend du savoir-faire de commerciaux expérimentés.

  Dans ce cas, l'approche par la maturité BPM pointera vers la nécessité de formaliser davantage la partie front-office, car elle est stratégique et peu outillée.

- **PME manufacturière en pleine digitalisation** : Cette PME a des processus de production relativement bien codifiés (normes ISO, modes opératoires) mais ignore totalement la façon dont sont gérés les prospects commerciaux, faute de CRM et de documentation.

  Elle décidera de prioriser la modélisation du macro-processus « Prospection et vente » pour soutenir sa croissance, tandis que la production restera à un niveau macro, car déjà stable et mature.

3.3. Avantages de l'approche par la maturité BPM

1. **Pragmatisme** : On se concentre sur les processus où la formalisation manquante ou trop peu aboutie pose un problème (délais, coûts, qualité...).

2. **Optimisation ciblée** : L'organisation n'investit pas inutilement dans la modélisation de processus qui fonctionnent déjà très bien ou qui sont peu critiques.

3. **Orientation vers l'amélioration continue** : Cette approche s'inscrit dans une dynamique d'évolution progressive.

On peut réévaluer la maturité au fil du temps et décider de nouvelles priorités.

3.4. Limites de l'approche

1. **Nécessite une évaluation lucide** : Il peut être difficile d'évaluer objectivement la maturité BPM si l'entreprise n'a pas déjà un certain recul ou des audits internes fiables.

   Les managers peuvent surestimer ou sous-estimer le niveau de formalisation réel.

2. **Risque de sous-investir sur certains processus** : En jugeant qu'ils sont « suffisamment matures » ou « peu stratégiques », on peut passer à côté d'opportunités d'amélioration.

3. **Moins orientée vers la stratégie** : L'accent est mis sur la maturité existante, ce qui peut nuire à une réflexion plus globale sur l'importance future de certains processus.

3.5. Bonnes pratiques pour la mise en œuvre

- **Mettre en place une grille d'évaluation** : S'inspirer par exemple de modèles comme CMMI for Services sur 5 paliers, par exemple.

- **Impliquer un panel de parties prenantes** : Les managers opérationnels, la DSI, le contrôle de gestion, voire la direction générale.

  Un consensus doit se dégager sur le niveau de maturité et l'importance du processus.

- **Adopter une démarche itérative** : Commencer par quelques processus pilotes pour affiner la méthode d'évaluation.

  Ne pas chercher à tout classifier d'emblée.

- **Faire un lien avec les coûts** : Les processus faiblement matures peuvent générer des coûts cachés (erreurs, retards, insatisfaction client, etc.).

  Les macro-processus critiques justifient souvent un investissement SI plus important pour gagner en fiabilité.

4. Comparaison et synergie entre ces deux nouvelles approches

4.1. Critères de choix

- **Si l'organisation connaît bien sa proposition de valeur** et souhaite décliner clairement les étapes qui la produisent (pour ensuite y rattacher les macro-processus), **l'approche par la chaîne de valeur** est idéale.

- **Si l'organisation a déjà entrepris des démarches de modélisation** ou souhaite avant tout pallier un manque de formalisation, l'approche par la maturité BPM est plus adaptée.

Dans certains cas, il est possible de coupler ces deux visions : on identifie d'abord la chaîne de valeur pour avoir une vue macro (orientation stratégique), puis on évalue le niveau de maturité des différents blocs afin de décider où concentrer les efforts de modélisation et d'amélioration.

4.2. Implications pour la répartition des coûts SI

- Avec la chaîne de valeur, on oriente prioritairement les investissements informatiques vers les maillons qui apportent la plus grande contribution à la satisfaction du client ou à la génération de revenus.

- Avec la maturité BPM, on cible en priorité les processus mal maîtrisés ou mal outillés, susceptibles de faire perdre de l'argent ou de nuire à la qualité.

Dans les deux cas, l'identification claire des macro-processus (et de leurs dépendances) permet d'éviter des incohérences budgétaires, notamment le sous-investissement dans un processus dont d'autres dépendent, ou la sur-allocation de ressources dans un macro-processus dont la valeur ajoutée est en réalité limitée.

4.3. Intégration avec l'identification des domaines

Quelle que soit l'approche utilisée, l'un des objectifs reste de rattacher chaque macro-processus au **domaine** (stratégique, support ou cœur) qui le porte.

Ainsi, on s'assure d'avoir :

- Une vue globale : Tous les processus du domaine sont listés, et on peut juger de leur cohérence interne.

- Un mode de gouvernance : Chaque domaine, représenté par un responsable, sait quels macro-processus il doit piloter et avec quels moyens.

5. Niveau de détail et dépendances : clés de la réussite

5.1. Trouver le bon degré de granularité

Il est souvent contre-productif de se lancer dans une description exhaustive, au niveau de chaque tâche ou sous-tâche.

Un *macro-processus* doit rester :

- **Lisible** : quelques activités structurantes, rassemblées dans un même ensemble logique.

- **Stable** dans le temps : s'il est trop détaillé, la moindre évolution opérationnelle rend la cartographie obsolète.

- **Pertinent** pour l'analyse financière : si un même macro-processus est porté par plusieurs solutions informatiques radicalement différentes (et donc plusieurs budgets), on peut envisager de le scinder en deux sous-processus.

La règle d'or est de préserver l'équilibre entre la précision nécessaire et la simplicité.

Dans beaucoup d'entreprises, un macro-processus peut être détaillé sur une page ou deux, avec un diagramme haut niveau, une liste d'acteurs, quelques indicateurs de performance, et des liens vers la documentation technique plus fine.

5.2. Gérer les dépendances

Comme mentionné en introduction, il est nécessaire de **ne pas oublier les relations de dépendance** entre macro-processus.

Ceci revient à examiner :

- **Quelles sont les entrées** d'un macro-processus (données ou livrables provenant d'un autre macro-processus) ?

- **Quelles sont les sorties** (produits, services, informations) qui vont alimenter d'autres macro-processus ?

En cartographiant ces flux, on identifie des *briques critiques*.

Si un macro-processus A ne peut fonctionner que si le macro-processus B est performant (et inversement), on doit veiller à ce que B bénéficie d'investissements cohérents.

Un exemple typique est la « Gestion des commandes clients » (macro-processus clé dans la vente), qui dépend de la « Gestion des stocks » (macro-processus en supply chain).

Si la gestion des stocks n'est pas fiable, la prise de commande sera erratique, frustrant à la fois les clients et les commerciaux.

5.3. Éviter les incohérences budgétaires

Un piège fréquent consiste à **surinvestir** dans un macro-processus très visible politiquement (ex. un nouveau système de facturation), tandis que le macro-processus en amont (ex. la génération d'offres ou la prise de commande) reste sous-équipé.

Résultat : l'entreprise dépense beaucoup pour une facturation high-tech, mais les données d'entrée (saisies clients, vérification de la commande) sont imprécises ou manuelles.

On se retrouve avec un outil coûteux qui ne produit pas le ROI attendu.

En définissant les macro-processus et leurs dépendances, la DSI peut mettre en lumière ces zones d'incohérence pour orienter les arbitrages et les plans d'action.

6. Conseils pratiques pour la mise en œuvre de ces deux approches

6.1. Pour l'approche par la chaîne de valeur

1. **S'inspirer du modèle de Porter, mais l'adapter** : Ne pas hésiter à créer des activités principales spécifiques à son secteur (ex. innovation, relation patient, etc.).

2. **Impliquer la direction stratégique** : Obtenir une validation sur la définition même de la chaîne de valeur.

   Cette validation assure que les macro-processus identifiés correspondent bien à la vision de l'entreprise.

3. **Raccorder les données et les coûts** : Une fois la chaîne de valeur établie, rattacher chaque macro-processus aux applications et ressources SI qui le soutiennent.

Solve DSI

Il devient alors possible de mesurer la part du budget investie pour chaque maillon de la chaîne.

6.2. Pour l'approche par la maturité BPM

1. **Utiliser un référentiel d'évaluation** : Par exemple, un questionnaire ou une grille de notation pour qualifier la maturité (documentation, indicateurs, automatisation, etc.).

2. **Commencer par un périmètre restreint** : Piloter la démarche sur quelques processus jugés critiques.

   Tester la méthode, ajuster, puis étendre progressivement à l'ensemble de l'entreprise.

3. **Impliquer un responsable BPM** : Si l'organisation a un *Process Owner* ou une équipe BPM, il est crucial qu'il soit partie prenante de cette démarche.

   Sa connaissance des bonnes pratiques et des méthodologies de modélisation aidera à éviter l'écueil d'une cartographie trop superficielle ou, au contraire, trop détaillée.

4. **Faire un lien avec l'amélioration continue** : Les processus les moins matures peuvent être sujets à un plan d'amélioration (Lean, Six Sigma, automatisation via RPA, etc.).

7. Conclusion : choisir (ou combiner) l'approche qui sert le mieux vos objectifs

Identifier clairement les processus et macro-processus d'une organisation est un exercice incontournable pour :

- **Rendre visibles les flux d'information et de valeur.**

- **Analyser l'efficacité et la cohérence du Système d'Information.**

- **Optimiser la répartition des coûts** et éviter les chevauchements ou les sous-investissements.

- **Structurer la gouvernance**, en confiant à chaque domaine (stratégique, support ou cœur) une cartographie de ses macro-processus et en définissant des responsabilités claires.

Au-delà des démarches « top-down » ou « bottom-up » classiques, **l'approche par la chaîne de valeur** et **l'approche par la maturité BPM** offrent chacune des perspectives originales pour mener à bien cette étape.

- La première met l'accent sur la **création de valeur** et la satisfaction du client final, ce qui est très utile si l'on souhaite prioriser les processus qui participent directement à la proposition de valeur.

- La seconde insiste sur le **niveau de formalisation** et la nécessité de concentrer les ressources d'analyse et d'amélioration sur les processus qui en ont réellement besoin.

Dans la pratique, on observe souvent des **stratégies mixtes**.

Par exemple, une organisation peut établir sa chaîne de valeur, puis évaluer la maturité BPM de chaque segment clé pour décider de la feuille de route en matière de modélisation et d'outillage.

L'essentiel est de garder en tête que l'objectif n'est pas de réaliser une cartographie pour la cartographie, mais de **servir la performance** et la **cohérence** globale de l'entreprise.

Les dépendances entre macro-processus, trop souvent reléguées au second plan, doivent figurer au cœur de la réflexion, car elles conditionnent l'harmonie du système et la pertinence de la répartition budgétaire.

Une fois les macro-processus identifiés et documentés, il sera possible d'aller plus loin, notamment en détaillant :

- Les **objets métiers** manipulés (ex. Commande, Facture, Fiche de paie, etc.).

- Les **objets de données** correspondants (tables, champs, relations dans les bases de données).

- Les **applications** et **infrastructures** soutenant ces macro-processus, afin de déterminer les coûts et leur rattachement financier.

Ce travail en amont facilite grandement la construction d'un **schéma directeur SI** ou d'un **plan d'investissement pluriannuel**, car il fournit un cadre rationnel pour répondre à la question : « Où investir dans le SI pour obtenir le maximum de bénéfices ? ».

Il évite également l'écueil de dépenser massivement sur un macro-processus isolé dont la chaîne amont ou aval n'est pas prête à exploiter pleinement les améliorations.

Identifier et décrire les processus constitue l'un des piliers fondamentaux d'une gouvernance du SI moderne et efficace.

Que vous optiez pour la chaîne de valeur, la maturité BPM, ou que vous combiniez ces deux approches, veillez à impliquer les parties prenantes clés (directions métier, DSI, direction générale) et à ancrer votre démarche dans les réalités opérationnelles de l'organisation.

Il ne s'agit pas seulement d'établir un organigramme technique, mais bien de construire un langage commun qui éclaire les arbitrages budgétaires, renforce l'alignement stratégique et, in fine, améliore la capacité de l'entreprise à innover et à servir au mieux ses clients ou ses usagers.

Annexe 3 : Identification des objets métiers méthodologie

Dans la gouvernance d'un Système d'Information, l'identification et la gestion des objets métiers constituent un levier essentiel pour garantir la cohérence entre la vision stratégique, les processus opérationnels et l'infrastructure technique.

Comme nous l'avons vu, un *objet métier* correspond à un élément clé, tangible ou intangible, que l'organisation manipule dans le cadre de ses activités.

Il peut s'agir d'une commande, d'une fiche client, d'un contrat, d'un ordre de fabrication, etc.

Tous ces objets sont au cœur des échanges entre les processus, qu'ils soient stratégiques, supports ou « cœurs ».

Ils matérialisent souvent la raison d'être d'un processus métier, puisqu'ils représentent les données et les informations que le SI se doit de traiter de manière efficace, fiable et sécurisée.

Bien que l'identification des processus métiers puisse varier en fonction des filiales ou des antennes locales et donc présenter un certain degré de variabilité dans l'entreprise , l'unicité des objets métiers demeure un repère.

Autrement dit, un « client » reste un « client » même si les étapes de vente changent quelque peu d'un pays à l'autre, un « contrat » reste un « contrat » même si sa phase de signature électronique ou papier diffère selon les sites.

Cette stabilité des objets métiers en fait un élément structurant pour la DSI, car elle permet de disposer d'un langage commun pour cartographier et piloter le SI dans sa globalité.

Toutefois, il existe différentes manières de mener à bien cette identification des objets métiers.

Dans les lignes qui suivent, nous allons détailler **deux approches possibles** pour accomplir cette tâche :

1. **L'approche « top-down » centrée sur l'analyse des processus**, dans laquelle on part de la cartographie des activités et des flux métiers pour faire émerger progressivement les objets métiers.

2. **L'approche « bottom-up » centrée sur la data et sur l'existant applicatif**, qui consiste à partir des bases de données et des applications déjà en place pour découvrir, définir ou réajuster les objets métiers pertinents.

Chacune de ces méthodes comporte ses avantages et ses limites.

Le choix dépendra de la maturité de l'organisation en termes de pilotage des processus, du degré de centralisation du SI, du temps et des ressources allouées à cette démarche, mais aussi de la culture d'entreprise (certaines cultures valorisant l'analyse conceptuelle, d'autres l'empirisme et l'itération à partir de l'existant).

Nous allons plonger dans chacune de ces approches et proposer des bonnes pratiques pour que la DSI et les parties prenantes parviennent à identifier clairement et efficacement les objets métiers.

Nous aborderons également les pièges à éviter et les points de vigilance qui, trop souvent, freinent ou rendent complexe une telle initiative dans les organisations de grande taille.

Notre objectif est double :

- **Fournir une méthodologie** pour que les responsables SI, les chefs de projets et les équipes métier puissent adopter l'approche la plus adaptée à leur contexte.

- **Souligner l'importance de la connaissance des objets métiers** par la DSI, car cette connaissance conditionne la capacité à maîtriser les coûts, à aligner les investissements sur la stratégie et, plus globalement, à construire un SI évolutif et performant.

1. Approche « Top-Down » centrée sur l'analyse des processus

1.1. Principe général de l'approche top-down

Dans une approche top-down, on part des **macro-processus** et des **processus** définis au niveau de l'organisation pour en extraire les objets métiers.

L'idée est de regarder, à un niveau relativement global, l'ensemble des étapes traversées par les activités d'un domaine métier puis de descendre progressivement dans les détails.

On s'interroge :

Quelles ressources informationnelles sont manipulées lors de ces étapes ?

Quels documents ou données sont indispensables pour compléter ce processus ?

Quelles sont les sorties ou livrables produits par les acteurs de ce processus ?

À partir de ces questions, on parvient à lister les objets métiers majeurs.

Cette démarche est souvent privilégiée lorsque l'organisation dispose déjà d'une **cartographie des processus** formelle ou semi-formelle, et qu'elle est habituée à raisonner en termes de *modes opératoires*, de *RACI* (Responsable, Accountable, Consulted, Informed) et de *flux de travail*.

Les grandes lignes de l'approche peuvent se résumer ainsi :

1. **Identifier ou mettre à jour la cartographie des processus** : On s'appuie sur la description des activités stratégiques, support et cœurs.

2. **Décrire, pour chaque processus, les actions clés** : Qui fait quoi, à quel moment, avec quel niveau de responsabilité ?

3. **Faire émerger les livrables ou documents manipulés** : C'est ici que l'on repère les objets métiers (par exemple, la création d'un « dossier client » dans le processus de vente).

4. **Rationaliser et standardiser** : On veille à ce que plusieurs termes ne désignent pas un même objet métier.

   Inversement, on s'assure de ne pas regrouper arbitrairement plusieurs objets en un seul si leurs finalités sont distinctes.

5. **Valider avec les métiers et la DSI** : La validation croisée évite les oublis (certains objets peuvent exister dans des recoins du SI) et clarifie la terminologie.

1.2. Illustration par un exemple concret

Pour mieux comprendre, prenons l'exemple d'une entreprise de distribution pharmaceutique.

Le domaine stratégique clé est la **logistique**, avec un macro-processus « Gestion des approvisionnements ».

Ce macro-processus comprend plusieurs étapes : définition des besoins, commandes aux fournisseurs, suivi de la réception, contrôle de qualité, stockage, etc.

- À l'étape « commandes aux fournisseurs », on identifie l'objet métier « Commande fournisseur » qui inclut des informations (montant, date, référence article, conditions de livraison, etc.).

- À l'étape « réception et contrôle », on voit apparaître un objet métier « Bon de réception » ou « Fiche de contrôle qualité ».

- À l'étape « stockage », on peut parler d'un objet métier « Emplacement de stock » ou « Fiche de stock ».

En parallèle, dans la finance (domaine support), se trouve un macro-processus « Traitement des factures fournisseurs » qui manipule l'objet métier « Facture ».

On constate alors que la « Commande fournisseur » en logistique est étroitement liée à la « Facture » en finance.

Il faut donc documenter la relation entre ces deux objets métiers.

Si la cartographie est bien faite, on peut faire apparaître des correspondances utiles dans la vue d'ensemble du SI et, par la suite, optimiser la gestion applicative (notamment dans l'ERP).

1.3. Avantages de l'approche top-down

1. **Vision métier partagée** : En partant des processus, on invite immédiatement les responsables opérationnels, les équipes métier et le management à contribuer.

   Chacun se reconnaît dans la description de ses activités, ce qui facilite l'adhésion.

2. **Alignement sur la stratégie** : La top-down est particulièrement efficace pour ne pas perdre de vue la finalité globale, à savoir quels processus sont réellement stratégiques et doivent donc être finement décrits.

3. **Structure claire** : On obtient généralement une carte des objets métiers bien alignée sur la structure organisationnelle et les rôles opérationnels.

1.4. Limites et points de vigilance

1. **Risque de survol** : À vouloir rester à un niveau macro, on peut négliger des objets métiers spécifiques qui n'apparaissent que dans des sous-processus.

2. **Temps de collecte** : Si la cartographie n'est pas déjà formalisée, la création d'une vue exhaustive des processus peut être très longue.

   Il faut mobiliser de nombreuses parties prenantes et organiser plusieurs ateliers.

3. **Des processus hétérogènes** : Dans les très grandes organisations, les processus varient selon les entités locales.

   La standardisation des objets métiers peut alors devenir difficile si l'on ne fixe pas des règles claires pour harmoniser la terminologie et les pratiques.

1.5. Bonnes pratiques pour l'approche top-down

- **Prioriser les domaines** : Commencer par les domaines les plus stratégiques ou ceux où les budgets SI sont les plus élevés.

- **Utiliser un référentiel ou une méthode** : Par exemple, BPMN (Business Process Model and Notation) pour décrire les processus de façon standardisée, ou encore des frameworks tels que ITIL pour la DSI.

- **Mettre en place un dictionnaire des objets** : Chaque objet métier identifié doit faire l'objet d'une fiche technique (nom, description, lien avec les processus, lien avec les applications qui le gèrent).

- **Veiller à l'actualisation** : Une cartographie de processus est un document vivant.

Les objets métiers doivent être réévalués et mis à jour lorsque les activités de l'entreprise évoluent.

2. Approche « Bottom-Up » centrée sur la data et l'existant applicatif

2.1. Principe général de l'approche bottom-up

L'approche bottom-up part d'un constat simple : souvent, dans l'entreprise, les SI et leurs bases de données sont déjà en place, au moins partiellement.

Les équipes utilisent diverses applications (ERP, CRM, outil de paie, etc.), et ces applications hébergent nécessairement des tables et des entités de données représentant des « choses » que l'entreprise manipule au quotidien.

Autrement dit, si l'on veut savoir quels objets métiers sont gérés, il suffit parfois de regarder ce qui existe déjà dans les bases de données et de regrouper/analyser ces éléments sous un angle métier.

Concrètement, on procède par inventaire des logiciels et de leurs schémas de données (voire de leurs API, si elles sont documentées), puis on s'efforce de recenser :

- Quelles tables correspondent réellement à des objets métiers (par exemple, la table t_client ou v_clt pour un client).

- Quels attributs, relations ou règles de gestion y sont associés (par exemple, les statuts d'une commande, les règles de facturation, etc.).

- Comment ces données sont échangées entre les différentes applications (flux EDI, interfaces, ESB, microservices, etc.).

Cette approche présente l'avantage d'être très concrète : on part de l'existant, donc on réduit le risque d'omettre des objets métiers déjà couverts par les systèmes.

Elle est aussi plus rapide dans certains cas, en particulier si l'organisation ne dispose pas d'une cartographie de processus actualisée, mais qu'elle a un inventaire applicatif relativement complet.

En revanche, l'un des grands défis de la bottom-up est de ne pas tomber dans l'excès de détail purement technique, et de réussir à « remonter » au sens métier de chaque entité.

C'est ce qui distingue un simple recensement de tables d'une véritable identification des objets métiers.

2.2. Illustration par un cas pratique

Imaginons une PME qui a grandi par rachats successifs, accumulant plusieurs logiciels hétérogènes : un CRM maison, un petit ERP pour la gestion comptable, un outil tiers pour la logistique, et quelques feuilles Excel pour le suivi de production.

Elle ne dispose pas d'une grande culture de modélisation des processus, mais elle a une équipe SI consciencieuse qui tient à jour un inventaire des applications, de leurs principales tables et de leurs interconnexions.

En se plongeant dans cet inventaire, la DSI repère :

- **CRM** : tables client, prospect, opportunité, rdv, etc.

- **ERP comptable** : tables facture, ecriture_comptable, compte_tiers, etc.

- **Outil logistique** : tables commande, livraison, stock, etc.

- **Fichiers Excel** : onglets « planning de production », « ordres_fabrication.xls », etc.

En examinant ces éléments, on identifie plusieurs objets métiers récurrents : *client, commande, facture, article (ou produit), stock, ordre de fabrication, etc.*.

Puis on les regroupe sous des appellations unifiées (parfois, la table est nommée client, ailleurs v_clt, ailleurs t_personne, et pourtant il s'agit du même concept).

Ainsi, la DSI formalise un dictionnaire commun d'objets métiers.

Elle détermine ensuite quels attributs et quelles relations sont pertinents pour parler d'un client (ex. le client a un historique de commandes, il possède un identifiant unique, un segment de marché, etc.).

Peu à peu, la compréhension de l'existant s'améliore, et l'entreprise peut en profiter pour rationaliser certaines données doublons ou mal structurées.

2.3. Avantages de l'approche bottom-up

1. **Concrète et rapide** : Elle peut se faire à partir de documents techniques, de schémas de bases de données, d'interviews des équipes SI et de key-users.

2. **Révèle les écarts entre théorie et pratique** : Parfois, la documentation officielle stipule un certain nom d'objet, alors que la réalité du code et des BD en utilise un autre.

Cette approche met ces écarts en lumière et pousse à l'alignement.

3. **Idéale lorsque la cartographie de processus n'existe pas** : Pour certaines entreprises, formaliser les processus est une tâche colossale.

   Le bottom-up est alors plus pragmatique.

2.4. Limites et points de vigilance

1. **Risques de dérive technique** : On peut se noyer dans les détails, en faisant la distinction entre des tables qui ne reflètent en réalité qu'un seul et même objet métier, ou en confondant l'implémentation technique avec la vision fonctionnelle.

2. **Manque de perspective stratégique** : L'approche part de l'existant, donc elle est moins portée sur l'innovation ou sur l'évolution future des activités.

   On risque de ne pas anticiper des objets métiers à venir.

3. **Complexité dans les grandes organisations** : Lorsqu'il y a des centaines d'applications, le travail d'inventaire peut être considérable, et la consolidation des tables (ou attributs) nécessite un fort investissement en temps et en coordination.

2.5. Bonnes pratiques pour l'approche bottom-up

- **S'appuyer sur un outil de découverte ou de cartographie** : Il existe des logiciels capables de scanner les bases de données, d'identifier les relations et d'en extraire un modèle conceptuel initial.

- **Travailler en binôme technique-métier** : Pour chaque table ou ensemble de tables, il est crucial de confirmer auprès des métiers la pertinence fonctionnelle.

C'est ainsi qu'on évite de mal nommer un objet ou de passer à côté d'un usage important.

- **Regrouper et normaliser** : Une fois l'inventaire réalisé, il faut faire l'effort d'uniformiser la terminologie et de fusionner les doublons.

- **Faire valider régulièrement** : Comme pour l'approche top-down, la validation par les métiers demeure essentielle.

Un objet métier qui ne ferait sens que dans la base de données, mais pas dans la réalité opérationnelle, n'a pas vocation à figurer au dictionnaire final.

3. Comparaison et synthèse des deux approches

3.1. Contexte de choix

Le choix entre une approche top-down et une approche bottom-up dépend principalement de trois facteurs :

1. **Maturité de la cartographie des processus** : Si l'entreprise dispose déjà d'une documentation riche sur ses processus, l'approche top-down est naturelle.

   Si, à l'inverse, cette documentation est inexistante ou obsolète, la bottom-up peut offrir un point d'entrée plus pragmatique.

2. **Culture d'entreprise** : Les organisations familières avec les méthodologies BPM (Business Process Management) se sentiront plus à l'aise avec la top-down.

   Celles qui ont plutôt un historique d'improvisation, d'hétérogénéité des outils ou d'expérimentation technique préféreront souvent la bottom-up.

3. **Ressources et délais** : Cartographier les processus en profondeur demande du temps et une forte implication métier.

   Passer en revue les bases de données exige des compétences techniques et un travail de consolidation.

   Chacune de ces approches consomme du temps et de l'énergie de manière différente.

3.2. Complémentarité des approches

Il est tout à fait envisageable de combiner ces deux approches.

Par exemple :

- **Démarrer en top-down** pour obtenir une vision d'ensemble, puis affiner ou valider les objets métiers en consultant l'existant applicatif (pour vérifier que tout est cohérent et identifier d'éventuels oublis).

- **Démarrer en bottom-up** lorsque la connaissance des processus est trop floue, puis, une fois un inventaire de tables et d'objets potentiels établi, passer sur une logique top-down pour clarifier et ajuster la vision métier.

Cette complémentarité est particulièrement judicieuse dans les grandes organisations, où la DSI doit souvent jongler avec plusieurs filiales aux pratiques hétérogènes, tout en cherchant à maintenir une cohérence globale.

D'ailleurs, il n'est pas rare de lancer des pilotes dans un service ou une filiale pour tester l'approche, puis de diffuser la méthodologie au reste de l'entreprise si le résultat s'avère concluant.

3.3. Alignement avec la suite de la démarche

Une fois les objets métiers identifiés, quel que soit le chemin emprunté, on peut s'attaquer à l'étape suivante :

l'identification des objets de données dans le SI.

C'est en général à ce stade qu'on traduit un objet métier (par exemple, la « Commande ») en entités logiques de base de données (tables, relations, champs).

Cette étape de « mapping » est nécessaire pour :

- **Rattacher les coûts** (logiciels, modules, infrastructures, licences) à des objets ou groupes d'objets métiers.

- **Faciliter les analyses fonctionnelles** en vue de projets de transformation ou d'audit (on identifie clairement où se trouvent les données de la « Commande », quelles sont ses règles, etc.).

- **Mettre en place une gouvernance des données** plus aboutie, où chaque objet métier correspond à un Data Owner, à des règles de qualité, des indicateurs de performance, etc.

4. Les enjeux pour la DSI et la maîtrise des coûts

4.1. Pourquoi la connaissance des objets métiers est-elle si importante ?

Les processus métiers peuvent différer, muter, se décliner de multiples manières dans une grande entreprise.

En revanche, les **objets métiers** ont vocation à rester les mêmes dans l'ensemble du SI, car ils définissent les éléments fondamentaux sur lesquels reposent les activités.

Pour la DSI, connaître en détail ces objets revêt plusieurs avantages :

1. **Maîtrise budgétaire** : Si la DSI sait précisément quels objets métiers sont gérés par quelles applications et quelles infrastructures, elle peut mesurer les coûts en adéquation avec la valeur produite.

   Par exemple, si la majeure partie des ressources IT est consommée par la gestion de l'objet « Fiche de paie », alors que le processus RH n'est pas stratégique pour l'entreprise, il y a un déséquilibre à corriger.

2. **Éviter la duplication fonctionnelle** : Plusieurs applications peuvent gérer le même objet métier (par exemple, un « client » référencé à la fois dans le CRM et dans l'ERP), ce qui entraîne des surcoûts de maintenance ou de licence, mais aussi des risques d'incohérence des données.

3. **Soutenir l'innovation** : Lorsqu'un projet d'innovation émerge, la DSI peut plus facilement évaluer l'impact sur chaque objet métier et anticiper les efforts techniques nécessaires.

4. **Alignement sur la stratégie** : Les objets métiers les plus critiques pour l'entreprise sont ceux qui participent directement à la proposition de valeur.

   Leur suivi permet d'ajuster les priorités d'investissement en fonction des orientations stratégiques (ex. développer une meilleure connaissance du client implique de renforcer les applications liées à l'objet « Fiche client »).

4.2. Les risques de sous-estimation

Ignorer l'importance de l'identification des objets métiers, ou la remettre à plus tard, comporte plusieurs écueils :

- **Impossibilité de piloter finement** : Sans une vision claire des objets métiers, la DSI risque de ne pas savoir où vont réellement les dépenses, ni quelles parties du SI sont les plus consommatrices de ressources.

- **Problèmes de gouvernance** : Les arbitrages budgétaires entre services et projets peuvent devenir arbitraires ou purement politiques, faute d'avoir des indicateurs objectifs liés aux objets métiers.

- **Complexité accrue lors d'un audit ou d'une fusion/acquisition** : Les due diligences techniques nécessitent une vision précise de ce que le SI gère et à quel coût.

L'absence d'un référentiel des objets métiers peut retarder et compliquer ces démarches.

4.3. Vers une meilleure rationalisation

La connaissance des objets métiers, associée à la cartographie des processus (approche top-down) ou à l'inventaire applicatif (approche bottom-up), ouvre la porte à une rationalisation maîtrisée.

On pourra, par exemple :

- **Mutualiser certaines briques applicatives** : Au lieu d'avoir deux logiciels distincts pour gérer les commandes clients, la DSI peut décider de converger vers un seul.

- **Optimiser les flux de données** : En identifiant clairement les relations entre objets métiers, on détecte les redondances d'intégration ou les transferts superflus.

- **Faciliter la mise en place d'indicateurs de performance** : Chaque objet métier peut être suivi via des KPI (ex. taux de réclamation sur un objet « Contrat », taux de conversion sur un objet « Opportunité »).

- **Renforcer la gouvernance par les données** : Mettre en place un Data Steward ou un Data Owner pour chaque objet métier critique, de sorte que la qualité et la cohérence des données soient pilotées en continu.

5. Conseils pratiques pour mener à bien les deux approches

Qu'il s'agisse de la démarche top-down ou bottom-up, quelques recommandations transverses peuvent aider la DSI à réussir :

1. **Commencer petit, mais bien documenter** : Il vaut mieux lancer un proof of concept sur un périmètre restreint (par exemple, un domaine d'activité précis) afin de démontrer la valeur et la faisabilité de la méthode, puis l'étendre progressivement.

2. **S'appuyer sur des outils collaboratifs** : Des solutions de modélisation ou de cartographie permettent de centraliser la connaissance.

3. **Former les équipes** : Les métiers doivent comprendre pourquoi on s'intéresse aux objets qu'ils manipulent, comment cette démarche les aidera à mieux travailler avec la DSI et à obtenir de meilleurs soutiens technologiques.

4. **Conduite du changement** : Comme toujours dans les projets de transformation, il est essentiel de communiquer clairement sur les objectifs, les bénéfices attendus et les étapes de la démarche, afin de lever les craintes (par exemple la peur du contrôle ou de la standardisation trop rigide).

5. **Garder l'œil sur la stratégie** : L'identification des objets métiers n'a de sens que si elle s'inscrit dans l'ambition plus large de maîtriser les coûts, d'améliorer la performance et de fournir un SI aligné sur les priorités de l'entreprise.

6. Conclusion : un socle pour la performance et l'alignement stratégique

La finalité première est d'obtenir une compréhension fine et partagée du patrimoine informationnel de l'entreprise, afin de mieux l'exploiter, de mieux l'optimiser et de le faire évoluer dans un cadre cohérent.
Lorsque cette finalité est atteinte, la DSI se dote d'un levier puissant pour dialoguer avec la direction sur la répartition des coûts, la rationalisation des solutions, et l'opportunité de nouveaux investissements.

Les métiers, quant à eux, gagnent en visibilité sur les données qui leur appartiennent et sur la manière dont elles sont gérées ou exposées par les différents outils.

Dans un tel contexte, la collaboration interservices se renforce et la performance globale de l'organisation s'en voit améliorée.

L'identification des objets métiers n'est pas qu'un exercice conceptuel : c'est **le socle** sur lequel reposent des décisions budgétaires, des choix technologiques et des arbitrages stratégiques majeurs.

Que vous soyez DSI, chef de projet, architecte d'entreprise ou manager métier, vous avez tout intérêt à maîtriser cette étape fondamentale.

Sans une vision claire de ce que votre entreprise manipule réellement comme « biens informationnels », vous risquez de prendre des décisions à l'aveugle, de dilapider des ressources financières sur des doublons ou des outils non pertinents, et de manquer les opportunités d'innovation que le SI peut offrir.

À l'inverse, en mettant en œuvre rigoureusement l'une ou l'autre (ou les deux) des approches décrites ici, vous jetez les bases d'une gouvernance éclairée de votre SI, capable de servir efficacement les ambitions de votre organisation.

Solve DSI

Annexe 4 : Indentification des objets données méthodologie

Il est fondamental de *lier de manière explicite les objets métiers* que l'organisation manipule au quotidien à *leurs représentations numériques*, c'est-à-dire les **objets de données** (entités, tables, bases de données, etc.).

Cette approche unifiée garantit la traçabilité des coûts et la cohérence des développements, car elle permet de répondre clairement à la question : *Comment tel objet métier, géré par tel processus, est-il implémenté dans nos bases de données ?*

Contrairement à des méthodes centrées tantôt sur la technique (cartographie des bases existantes), tantôt sur la gouvernance pure de la donnée, cette démarche se concentre sur **le lien direct et systématique** entre chaque objet métier identifié et son ou ses objets de données correspondants.

Dans certains cas, un objet métier relativement simple se traduira par **une unique table**.

Mais dans d'autres, beaucoup plus complexes, il pourra exister **une base de données complète** ou un ensemble de tables interdépendantes pour représenter toutes les dimensions de l'objet métier.

Dans les sections qui suivent, nous détaillons pas à pas cette approche :

1. Repérage et cadrage des objets métiers

La première étape consiste à s'appuyer sur la cartographie des *objets métiers*, élaborée en amont (dans les chapitres précédents, nous avons vu comment les définir et les rattacher aux processus métiers).

On dispose donc d'une liste d'objets tels que :

- « Commande client »

- « Fiche de poste »

- « Ordre de fabrication »

- « Produit »

- « Employé »

- ... etc.

Pour *chaque* objet métier, on va décrire de façon fonctionnelle sa raison d'être, ses attributs majeurs (par exemple, pour une commande : numéro, date, statut, etc.), les processus qui le manipulent (création, mise à jour, consultation, suppression), ainsi que les dépendances éventuelles (ex. un *Ordre de fabrication* peut dépendre d'un *Produit*, lui-même associé à un *Fournisseur*, etc.).

À ce stade, il faut d'impliquer **les responsables métiers** (ou « product owners » dans certaines organisations) pour valider la liste et la définition de ces objets.

Cela permet de s'assurer que l'on ne passe pas à côté de subtilités cruciales (variantes, exceptions, réglementations spécifiques, etc.).

2. Construction du Modèle Conceptuel de Données (MCD) pour chaque objet métier

2.1. Qu'est-ce qu'un MCD ?

Le **Modèle Conceptuel de Données (MCD)** est une représentation graphique et textuelle qui illustre les *entités* (dans un langage plus fonctionnel, on dira « objets de données »), leurs **attributs** et leurs **relations**.

Il est indépendant des aspects techniques (type de SGBD, implémentation physique, etc.), l'objectif étant de décrire la **structure logique** de l'information.

Dans notre approche unifiée, l'idée est de construire, pour chaque *objet métier*, un segment de MCD qui montre :

1. L'entité principale (ex. CommandeClient).

2. Ses principaux attributs (ex. NumCommande, DateCommande, StatutCommande).

3. Les entités associées (ex. Client, Produit, ModePaiement) et la nature de la relation (une commande concerne *plusieurs* produits, mais *un seul* client, etc.).

2.2. Cas de figure : un objet métier = une entité simple

Pour des objets métiers relativement simples (par exemple, une *Fiche de poste* dans le domaine RH), il se peut que le MCD se limite à **une seule entité** et quelques attributs.

Dans ce cas, la représentation dans le SI peut s'avérer très directe (une unique table). Cela signifie :

- Un **Mapping** (correspondance) quasi 1:1 entre l'objet métier et l'objet de données.

- Des **coûts** maîtrisés (une seule table à maintenir, sans dépendances complexes).

2.3. Cas de figure : un objet métier = plusieurs entités reliées (voire une base complète)

Pour d'autres objets métiers, plus riches ou plus critiques, la représentation dans le SI peut être beaucoup plus étendue.

Par exemple, un *Ordre de fabrication* peut nécessiter la gestion :

- Des **lignes de production** concernées

- Des **opérateurs** (employés) affectés

- Des **lots de matières premières** requis

- Des **échantillons de contrôle qualité**

Chacune de ces entités peut figurer dans le MCD, accompagnée des règles de gestion (contraintes, cardinalités).

De plus, il n'est pas rare qu'un même objet métier se décline en **plusieurs tables physiques** dans la base de données (par exemple, des tables OrdreFab, LotMatiere, ControleQualite, etc.), voire qu'une base de données ou un schéma dédié lui soit consacré.

2.4. Outils pour la modélisation conceptuelle

Pour élaborer le MCD, on peut utiliser des langages standardisés :

- **Merise** (très utilisé dans le monde francophone)

- **UML** (diagramme de classes)

L'essentiel est de décrire clairement les relations, les attributs et, au besoin, les contraintes (clés primaires, clés étrangères) qui garantissent l'intégrité des informations.

3. Élaboration d'un dictionnaire de données détaillé

3.1. Pourquoi un dictionnaire de données ?

Le **dictionnaire de données** est le complément textuel du MCD.

Il répertorie de manière exhaustive :

- Les **entités** (ou tables) identifiées
- Leurs **attributs** (nom, type, définition, règle de gestion)
- Les **relations** (nature de la relation, cardinalité, intégrité référentielle)
- Les **règles spécifiques** (contraintes d'unicité, valeur par défaut, etc.).

Pour chaque *objet métier*, on y retrouve donc l'ensemble des informations techniques et fonctionnelles qui permettent de comprendre comment cet objet est géré dans la base de données.

C'est un outil de référence indispensable pour :

1. Les **équipes SI** (développeurs, administrateurs de bases de données) : ils savent où se trouve chaque donnée, quels sont les formats et les contraintes.

2. Les **responsables métiers** : ils peuvent valider la cohérence entre leur vision métier et l'implémentation en base.

3. La **DSI et la gouvernance** : le dictionnaire met en évidence les duplications ou chevauchements possibles entre différents objets, ou encore les zones à fort impact sur les coûts (tables volumineuses, données réglementées, etc.).

3.2. Méthodologie de construction

1. **Lister les objets métiers** et déterminer lesquels font l'objet d'un **segment de MCD** propre.

2. **Identifier les entités** (simples ou multiples) qui représentent chaque objet métier.

3. **Décrire les attributs** : pour chaque entité, on réunit la liste des champs, leur type (texte, date, nombre, etc.), les règles de saisie (par exemple, StatutCommande ne peut prendre que certaines valeurs), l'obligation ou non de remplir le champ, la longueur maximale, etc.

4. **Préciser les relations** : quelles sont les entités associées, la cardinalité (1-1, 1-n, n-n), les clés primaires et étrangères, etc.

5. **Ajouter des commentaires fonctionnels** : il est souvent pertinent d'expliquer pourquoi un champ ou une relation existe, dans quel contexte métier il est utilisé.

3.3. Exemples d'éléments du dictionnaire de données

- **Entité** : OrdreFab

  - **Description** : Représente un ordre de fabrication lancé en production.

  - **Champs** :

    - num_ordre (PK) : Numéro unique, format entier, non nul.

    - date_creation : Date de lancement, format date, non nul.

    - ligne_production : Référence à la table LigneProd, clé étrangère, cardinalité 1-n.

    - statut : Valeur textuelle (Prévu, En cours, Terminé), non nul.

- **Entité** : FichePoste

  - **Description** : Décrit un poste au sein de l'organisation.

  - **Champs** :

- id_poste (PK) : Clé primaire, numérique.

- titre_poste : Nom du poste, texte 100 caractères, obligatoire.

- departement : Clé étrangère vers DepartementRH, cardinalité 1-n.

- niveau_salaire : Intervalle de rémunération, texte 50 caractères, optionnel.

4. Consolidation et validation

4.1. Vérification croisée entre métiers et SI

L'approche unifiée vise à **valider en continu** le lien entre l'objet métier et l'objet de données correspondant.

Cela se traduit par des ateliers de relecture ou des sessions de validation où :

1. Les **métiers** confirment que les attributs définis dans le dictionnaire correspondent bien à leurs besoins fonctionnels.

2. Les **équipes SI** vérifient la faisabilité technique (type de champ, règles de validation, volumétrie attendue), ainsi que la cohérence par rapport à l'architecture globale du SI (pas de duplication excessive, pas de table redondante, etc.).

4.2. Gestion des évolutions

Avec le temps, de nouveaux attributs ou de nouvelles entités peuvent apparaître.

Par exemple, un objet métier « Commande client » peut être enrichi pour prendre en compte des *réductions*, des *livraisons multiples*, ou l'introduction de la facturation électronique.

Il est donc essentiel de :

- **Mettre à jour régulièrement** le MCD et le dictionnaire de données,

- **Versionner** les modifications,

- **Conserver l'historique** des évolutions pour comprendre les ruptures ou les ajustements opérés.

4.3. Liens avec les processus et applications

Souvent, chaque entité décrite dans le dictionnaire de données est manipulée par un **ou plusieurs logiciels** (ERP, CRM, application maison).

Documenter ce point est crucial pour la traçabilité budgétaire : on saura ainsi que la table OrdreFab est gérée principalement par le module « Production » de l'ERP, avec un coût de licence spécifique, plus un connecteur maison vers une application de supervision d'atelier, etc.

5. Impacts sur la gouvernance des coûts et sur l'organisation

5.1. Traçabilité des coûts et rationalisation

Relier clairement *objet métier* et *objet de données* procure une **vision fine** des leviers de coût :

- **Stockage** : savoir quelles tables sont les plus volumétriques, donc potentiellement onéreuses (disques, sauvegardes, archivage).

- **Licences** : identifier précisément les objets manipulés par chaque module logiciel (par exemple, un module finance gère la table Facture, un module logistique gère la table

BonLivraison), ce qui éclaire la répartition des coûts de maintenance.

- **Infrastructures** : détecter si certains objets de données doivent être hébergés dans un environnement haute disponibilité (car critiques) ou sur un cluster spécifique.

Cela aide la DSI à optimiser la répartition budgétaire et à justifier les arbitrages auprès de la direction générale ou financière.

5.2. Renforcement de la qualité et de la sécurité

Le fait de disposer d'un **MCD** et d'un **dictionnaire de données** détaillé validés conjointement par les métiers et l'informatique facilite :

- **Le contrôle de la qualité des données** : on connaît les règles de validation, les valeurs attendues, les référentiels associés.

- **La gestion des accès et habilitations** : on sait précisément quelles tables renferment des données sensibles (ex. données RH, données médicales, données bancaires), et on peut mettre en place des politiques de confidentialité ou d'anonymisation.

- **La conformité réglementaire** : en cas d'audit (RGPD, CNIL, obligations sectorielles), la documentation des objets de données est un atout pour prouver la maîtrise des flux et la bonne protection des données.

5.3. Collaboration accrue entre métiers et DSI

En ancrant le travail sur *la correspondance explicite* entre objets métiers et objets de données, on cultive un **langage commun**. Les métiers voient comment leurs informations clés sont traitées dans le SI, et la DSI bénéficie d'un ancrage fonctionnel clair pour chaque table ou base de données.

Ceci **réduit les incompréhensions,** les réinterprétations abusives et facilite les évolutions futures (nouveaux attributs, nouveaux modules, migrations, etc.).

Une approche unifiée pour des données maîtrisées

L'identification des objets de données, menée dans une approche unifiée centrée sur le **lien explicite** avec les objets métiers, constitue un *socle essentiel* pour la gouvernance d'un SI performant.

Elle combine :

1. **Une vue fonctionnelle** (les objets métiers à forte valeur pour l'entreprise)

2. **Une modélisation conceptuelle** (le MCD) pour chaque objet

3. **Un dictionnaire de données exhaustif**

4. **Un processus de validation croisée** entre métiers et DSI

5. **Une vision budgétaire** permettant de rattacher les coûts (logiciels, infrastructures, licences) aux objets de données réellement manipulés.

Cette démarche offre plusieurs bénéfices : *traçabilité des coûts, amélioration de la qualité et de la sécurité des données, cohérence et évolutivité* du SI.

Elle peut certes demander un effort initial de recensement et de modélisation, mais, une fois en place, elle fournit un référentiel solide pour piloter efficacement les évolutions techniques, éviter les doublons ou incohérences, et fournir aux acteurs métiers la confiance et la transparence dont ils ont besoin vis-à-vis du Système d'Information.

Qu'il s'agisse de bases de données simples ou d'architectures complexes, le succès réside dans la collaboration étroite entre les responsables métiers et les équipes SI, et dans le caractère vivant du dictionnaire de données : il doit être maintenu à jour au fil des modifications, refléter la réalité opérationnelle et servir de point d'ancrage pour toute initiative de transformation ou de rationalisation au sein de l'entreprise.

Annexe 5 : Les logiciels et les infrastructures méthodologie

Après avoir identifié de façon précise les **processus**, les **objets métiers** et leurs **objets de données**, la prochaine étape consiste à établir une **cartographie complète** des **logiciels** et des **infrastructures** qui rendent ces objets de données disponibles et exploitables.

Cette démarche est nécessaire pour :

1. **Comprendre la répartition précise des coûts** sur chaque composante du SI (licences, maintenance, stockage, serveurs, etc.).

2. **Identifier les dépendances** entre logiciels, infrastructures et processus métiers.

3. **Éclairer la prise de décision** en matière d'investissements (remplacement, migration vers le Cloud, renouvellement de licences, etc.).

Contrairement à une approche « silo » qui se contenterait d'inventorier les applications ou les serveurs de manière isolée, cette méthode unifiée vise à montrer comment chaque logiciel s'articule avec les objets de données et quelle infrastructure le supporte, tout en assurant la traçabilité budgétaire jusqu'aux processus et aux domaines de l'organisation.

Dans les sections qui suivent, nous présenterons :

1. **L'inventaire des logiciels métiers**, avec les informations clés (périmètre fonctionnel, objets de données gérés, volumétrie et coûts).

2. **La prise en compte des infrastructures techniques**, indispensables au fonctionnement des logiciels (serveurs, réseaux, stockage, solutions Cloud, etc.).

3. **La méthodologie de collecte et de consolidation des coûts**, partie la plus délicate du processus, afin de garantir une vision exhaustive et fiable des dépenses SI.

1. Inventaire des logiciels métiers

1.1. Pourquoi inventorier les logiciels ?

Les **logiciels métiers** – qu'ils soient ERP, CRM, applications maison ou solutions spécialisées représentent souvent l'interface la plus visible du SI pour les utilisateurs.

Ce sont eux qui, concrètement, manipulent les **objets de données** et permettent l'exécution des **processus métiers** (prise de commande, facturation, reporting, etc.).

Il est donc essentiel de :

- **Lister** tous les logiciels en usage, même ceux dits « historiques » ou « périphériques ».

- **Qualifier leur rôle** (par exemple, tel outil gère la comptabilité, tel autre gère les stocks, etc.).

- **Rendre visibles leurs coûts**, souvent répartis entre licences, maintenance, support et éventuelles prestations de développement.

Cette visibilité est primordiale pour arbitrer les investissements et repérer d'éventuels doublons (deux logiciels différents qui réalisent la même fonction) ou des logiciels sous-exploités.

1.2. Démarche d'inventaire

1. **Recenser les applications existantes** : On se base sur les retours de la DSI, mais également sur les départements métiers qui peuvent utiliser certains logiciels de manière officieuse (shadow IT).

2. **Pour chaque logiciel**, relever :

   o **Le périmètre fonctionnel** : Quel(s) processus ou macro-processus couvre-t-il ?
   Est-il généraliste (ERP) ou dédié (paie, CRM, e-commerce, etc.) ?

   o **Les objets de données gérés** : Par exemple, tel CRM manipule les tables Client, Prospect, HistoriqueContact.
   Tel ERP gère Commande, Facture, Stock.

   o **La volumétrie** : Nombre d'utilisateurs, volume de transactions mensuelles, importance en termes d'activité quotidienne.

   o **Les coûts** :

      ▪ Coûts de licence (fixe, par utilisateur, par module, par transaction...)

      ▪ Coûts de maintenance et de support (pour un logiciel éditeur, un contrat d'AMOA, etc.)

      ▪ Coûts de formation (initiale, continue)

      ▪ Coûts de développement ou de paramétrage (pour les logiciels internes ou fortement customisés).

3. **Catégoriser les logiciels** : Selon s'ils sont stratégiques, support ou « périphériques ».

Par exemple, un CRM servant aux ventes internationales peut être stratégique, tandis qu'un petit outil de mailing interne peut être classé en support.

1.3. Exemple de tableau de synthèse

Logiciel	Domaine / Processus	Objets de données	Volumétrie	Coûts Licence	Coûts Maint.
ERP « X »	Finance, Achats, Production	Facture, Fournisseur, Commande	200 utilisateurs, 300k trans./mois	50 000€/an	10 000€/an
CRM « Y »	Ventes, Marketing, Service client	Client, Prospect, Ticket SAV	100 utilisateurs, 50k trans./mois	30 000€/an	5 000€/an
Application « Z »	RH (paie)	Fiche de paie, Fiche de poste	50 utilisateurs, 10k trans./mois	20 000€/an	3 000€/an

(NB : Les valeurs sont purement illustratives.)

Ce tableau doit être enrichi de plus d'informations (date de mise en production, éditeur, mode de facturation, etc.), selon les besoins.

2. Prise en compte des infrastructures techniques

2.1. Pourquoi inventorier l'infrastructure ?

Les **infrastructures** (serveurs, stockage, réseau, virtualisation, Cloud...) sont le socle sans lequel les logiciels ne peuvent fonctionner.

Un grand nombre de coûts sont liés :

- **CAPEX** (dépenses d'acquisition pour des serveurs physiques, des baies de stockage, des équipements réseau).

- **OPEX** (coûts de maintenance, électricité, infogérance, etc.).

- **Coûts de supervision et de sécurité** (monitoring, pare-feu, etc.).

Cartographier l'infrastructure permet de visualiser quelles briques techniques supportent quels logiciels, et, par ricochet, quels objets de données.

Cela permet également de détecter des surinvestissements (par exemple, un cluster de serveurs sous-exploité) ou des fragilités (serveurs critiques approchant la fin de leur vie).

2.2. Démarche de cartographie de l'infrastructure

1. **Lister les composants :**

   o Serveurs (physiques ou virtuels),

   o Périmètre réseau (LAN, WAN, VPN, firewall, load balancer, etc.),

   o Systèmes de stockage (SAN, NAS, Cloud storage),

   o Solutions de virtualisation et de conteneurs (VMware, Docker, Kubernetes, etc.),

   o Services Cloud (IaaS, PaaS, SaaS).

2. **Identifier leur rôle :** hébergement d'applications, stockage, backup, traitement batch, etc.

3. **Relier chaque composant** aux logiciels (ou bases de données) qui y sont déployés.

4. **Évaluer les coûts :**

   o **D'acquisition :** Investissements initiaux pour les équipements on-premise.

- o **D'exploitation** : Contrats de maintenance, frais d'électricité, climatiseurs de la salle serveurs, etc.

- o **De support** : Infogérance, supervision, interventions en cas d'incident.

- o **Spécifiques au Cloud** : Facturation à l'usage (CPU, RAM, stockage, bande passante).

2.3. Exemple de tableau de synthèse

Composant	Type	Logiciels supportés	Rôle / Description	Coûts CAPEX / an	Coûts OPEX / an
Serveur « A »	On-premise physique	ERP « X », base de données Oracle	Serveur critique de production	20 000€ (amorti 3 ans)	5 000€
Stockage « B »	SAN	Données ERP, fichiers partagés	Baies RAID 5, 10 To disponibles	15 000€ (amorti 5 ans)	2 000€
VM « C »	Virtual Machine	CRM « Y »	VM sous VMware, 4 vCPU, 16 Go RAM	-	200€/mois (cloud)
Cloud « D »	AWS EC2 / S3	Backup applicatif, archives	Hébergement longue durée, stockage S3	-	Facture variable

3. Méthodologie de collecte et consolidation des coûts

3.1. Pourquoi c'est complexe

Recueillir tous les coûts liés aux logiciels et à l'infrastructure peut s'avérer **délicat** pour plusieurs raisons :

1. **Multiplicité des contrats** : licences, maintenance, infogérance, contrats de leasing, etc.

2. **Facturation au Cloud** : le modèle de facturation (pay-as-you-go, engagement sur 1 ou 3 ans) peut varier d'un fournisseur à l'autre et fluctuer dans le temps.

3. **Manque de visibilité sur les coûts RH** : le temps passé par les équipes internes (développeurs, administrateurs, chefs de projets) est rarement suivi de manière granulaire.

4. **Répartition analytique** : certains coûts (ex. location d'un datacenter) sont mutualisés entre plusieurs applications et ne sont pas attribués à un logiciel ou un service unique.

3.2. Étapes de collecte

1. **Analyse des contrats de licences** : Vérifier les modes de calcul (par utilisateur, par module, par volume de données).

   Faire un tableau récapitulatif avec la liste des éditeurs, des durées d'engagement, des coûts facturés sur la dernière période, etc.

2. **Analyse des factures Cloud** : Exporter les rapports de consommation (AWS, Azure, GCP, etc.) sur la période souhaitée (mensuel, trimestriel, etc.).

   Détailler les ressources : CPU, stockage, trafic réseau, etc.

3. **Analyse des dépenses d'infrastructure internes** : Regarder le budget datacenter, les contrats de maintenance hardware, l'électricité, les climatisations, la téléphonie réseau, etc.

4. **Analyse RH** : Recenser les effectifs SI, estimer leur temps d'activité dédié à tel ou tel logiciel, projet ou domaine (éventuellement via un timesheet ou un sondage).

   Valoriser financièrement ces temps.

3.3. Outils et bonnes pratiques

- **Utiliser un tableur ou un outil de gestion de projets financiers** pour consolider l'ensemble des données (logiciels, infra, RH, etc.).

- **Mettre en place une nomenclature standard** : chaque logiciel et chaque composant d'infrastructure se voit attribuer un identifiant unique, pour faciliter les agrégations.

- **Documenter les clés de répartition** : si un coût est mutualisé (ex. un serveur héberge 2 applications), on peut répartir ce coût en fonction du nombre d'utilisateurs, du CPU utilisé, ou du chiffre d'affaires généré par chaque application.

- **Veiller à la mise à jour** : refaire l'exercice à une fréquence adaptée (annuelle, semestrielle, etc.), pour tenir compte des variations de licences, des évolutions du parc machines, ou de la montée en charge d'un service Cloud.

4. Consolidation et traçabilité : une vue complète

4.1. Pourquoi la traçabilité est-elle essentielle ?

La **traçabilité** permet de relier les différents niveaux de la cartographie :

- **Processus -> Objets métiers -> Objets de données -> Logiciels -> Infrastructures -> Coûts**

En établissant ces liens, on peut répondre à des questions du type :

- *Combien coûte le macro-processus de facturation, toutes composantes confondues (logiciels, licences, serveurs, support) ?*
- *Quel est le coût total de possession (TCO) d'un CRM qui gère nos clients stratégiques ?*

Sans traçabilité, la consolidation des données financières reste opaque, et l'entreprise risque de piloter son SI « à vue », sans possibilité de prioriser les investissements ni d'optimiser les ressources.

Et c'est justement ce que l'on veut éviter avec cet ouvrage.

4.2. Produire des tableaux et des rapports exploitables

À partir de l'inventaire des logiciels, de la cartographie d'infrastructure et des différentes analyses de coûts, la DSI ou le contrôle de gestion peut élaborer :

- **Une matrice Logiciel / Processus** : montrant combien chaque logiciel pèse budgétairement pour un macro-processus donné.

- **Une matrice Infrastructure / Logiciel** : pour visualiser les composants techniques et leur coût, réparti selon les applications hébergées.

- **Des rapports financiers** : par exemple, un histogramme de la part de chaque logiciel dans le budget total du SI, un suivi dans le temps des évolutions de coûts par domaine (stratégique, support, cœur), etc.

De telles synthèses fournissent une vue à la fois globale et détaillée, permettant d'**orienter la gouvernance** et de détecter les opportunités de rationalisation (mutualisation de serveurs, résiliation de licences inutilisées, migration Cloud plus avantageuse, etc.).

5. Bénéfices et perspectives

5.1. Avantages de l'approche unifiée

1. **Transparence** : Les métiers peuvent comprendre où et comment leur application est hébergée, combien cela coûte réellement, et pourquoi.

2. **Maîtrise budgétaire** : En reliant chaque élément (logiciel, infrastructure) à des coûts clairement identifiés, la direction générale et la DSI disposent d'un outil d'arbitrage objectif.

3. **Facilitation du dialogue interne** : Les équipes Finance, SI, et Métiers partagent la même vision, réduisant les incompréhensions liées aux postes de dépenses.

4. **Anticipation des évolutions** : Une cartographie à jour permet d'identifier rapidement l'impact d'un nouveau projet (ex. lancement d'un e-commerce) sur l'infrastructure et sur les coûts associés.

5.2. Principaux pièges à éviter

1. **Sous-estimer la complexité** : Il peut s'avérer tentant de « sous-cartographier » l'infrastructure ou de se contenter de coûts approximatifs.

   Cela compromet la fiabilité de l'analyse.

2. **Négliger le Shadow IT** : Il est indispensable d'enquêter auprès des métiers pour repérer les logiciels non-officiels, qui consomment parfois des ressources significatives.

3. **Manquer d'actualisation** : La cartographie et les coûts doivent être régulièrement révisés.

   Un relevé daté de plus de deux ans peut devenir obsolète face à la vitesse d'évolution du SI.

5.3. Enrichissements possibles

- **Couplage avec la gestion des risques** : Si un composant critique n'est pas redondé ou si un logiciel clé n'a plus de support éditeur, le risque technique et financier augmente.

- **Analyse de la performance** : Croiser la cartographie logicielle et la performance (temps de réponse, taux d'incidents) pour prioriser les investissements d'optimisation ou de remplacement.

- **Approche TCO (Total Cost of Ownership)** : Intégrer les coûts indirects (formation des utilisateurs, support fonctionnel, etc.) pour chaque logiciel ou infrastructure, afin de mesurer la rentabilité globale.

Une cartographie au service de la maîtrise des coûts et de la performance

La **cartographie des logiciels et infrastructures**, assortie d'une **analyse détaillée des coûts**, n'est pas qu'un exercice administratif.

Elle constitue **un levier de pilotage stratégique** pour :

1. **Prioriser les investissements** dans les technologies et logiciels à haute valeur ajoutée.

2. **Mutualiser ou rationaliser** quand des redondances ou des inefficiences sont détectées.

3. **Améliorer la fiabilité et la continuité de service** en identifiant les points critiques d'infrastructure.

4. **Communiquer clairement** auprès de la direction générale et des métiers sur la répartition budgétaire, justifier les arbitrages et éviter les conflits liés à une vision partielle des dépenses.

En effet, la traçabilité entre **logiciel, infrastructure et processus** apporte une clarté indispensable pour gérer un SI moderne, souvent complexe, hétérogène et en perpétuelle évolution.

Il est essentiel de maintenir cette cartographie à jour, de la revisiter périodiquement et de l'intégrer dans un dispositif plus large de gouvernance du SI, qui englobe également la gestion des risques, la sécurité et la conformité réglementaire.

Grâce à cette approche unifiée, la DSI et les acteurs métiers peuvent travailler main dans la main pour faire émerger une informatique réellement alignée sur les besoins et les priorités de l'organisation, tout en préservant la **maîtrise des coûts** et la **qualité de service**.

Annexe 6 : Ventilation et analyse des coûts méthodologie

Au terme de la **cartographie du SI** :
Logiciels, infrastructures et coûts associés il est temps de faire le lien avec les *macro-processus* identifiés dans les domaines *stratégiques*, *support* et *cœurs*.

Cette étape de **ventilation** consiste à **répartir les dépenses** selon l'usage réel de chaque composant (logiciel ou infrastructure) au sein de chaque macro-processus.

L'objectif est de **mesurer précisément** combien l'entreprise investit dans chacun de ses domaines, de détecter d'éventuelles anomalies (surinvestissements ou sous-investissements) et de mettre en évidence des **leviers d'optimisation.**

Contrairement à une simple lecture budgétaire par nature de coût (licences, serveurs, etc.), cette démarche apporte une vue dynamique : elle montre où la valeur est créée ou supportée par le SI, et à quel prix.

Dans ce chapitre, nous présentons :

1. **Les principes fondamentaux** de la ventilation par usage réel

2. **La méthode de répartition** des coûts

3. **La consolidation** par domaines et macro-processus

4. **L'interprétation et l'analyse** des résultats pour guider la prise de décision.

1. Principes fondamentaux de la ventilation

1.1. Pourquoi ventiler par macro-processus ?

La **ventilation** permet de :

- **Relier le coût du SI** aux activités réelles de l'organisation, plutôt que de se limiter à une comptabilisation « en silo ».

- **Déceler rapidement** d'éventuelles incohérences, comme un logiciel très coûteux pour un process peu critique, ou un macro-processus stratégique sous-financé alors qu'il génère de la valeur ajoutée pour l'entreprise.

- **Discuter sur des bases objectives** avec les métiers : si le domaine Marketing constate qu'il supporte un coût disproportionné, on peut vérifier s'il s'agit réellement d'une utilisation plus importante ou d'un besoin de rationalisation (négociation de contrats, mutualisation de serveurs, etc.).

1.2. Les règles de ventilation

- **Respect du principe d'usage** : On attribue un pourcentage de chaque coût en fonction de la *réalité opérationnelle* (combien d'utilisateurs, combien de transactions, quelle fréquence d'utilisation...).

- **Prise en compte des coûts fixes** : Certains composants (serveur mutualisé, réseau local, etc.) ne peuvent être aisément subdivisés.

  On définit alors des clés de répartition *approximatives* (par exemple, au prorata du nombre de processeurs virtuels consommés, ou du volume de données géré par chaque processus).

- **Transparence** : Les méthodes et clés de répartition doivent être expliquées et partagées avec les acteurs concernés (financiers, métiers, DSI).

2. Méthode de répartition

2.1. Identifier l'usage effectif

Avant toute chose, on questionne *qui utilise* chaque composant du SI et *pourquoi*.

Pour un **logiciel CRM**, par exemple :

- Macro-processus « Relation client » : Service commercial, 70 % des licences et du temps d'utilisation

- Macro-processus « Gestion des leads marketing » : Équipe marketing, 30 % des licences et du temps d'utilisation.

Pour un **serveur mutualisé**, il peut héberger :

- 40 % des instances pour l'ERP (macro-processus Finance, Achats, etc.)

- 60 % pour un logiciel de production (macro-processus planification, suivi des stocks, etc.).

2.2. Quantifier l'usage

La quantification de l'usage se fait par des **indicateurs appropriés** :

- **Nombre de licences** (ou comptes utilisateurs) pour un logiciel

- **Heures de CPU** consommées par une application sur un serveur virtualisé

- **Volume de transactions** générées par chaque macro-processus

- **Temps de connexion utilisateur**, etc.

On peut s'appuyer sur des **outils de monitoring** (suivi des sessions, statistiques d'appels API) ou sur des **déclarations métiers** (temps passé, effectifs dédiés) pour affiner l'estimation.

2.3. Affecter les coûts

Une fois l'usage quantifié :

1. **Répartir les coûts de licence ou de maintenance :**

   o Si un logiciel CRM coûte 50 000 € par an et que la répartition d'usage est 70 % pour la Relation client et 30 % pour la Gestion des leads marketing, on affecte 35 000 € et 15 000 € respectivement.

2. **Répartir les coûts d'infrastructure :**

   o S'il s'agit d'un serveur partagé, on peut le ventiler en fonction du pourcentage de ressources consommées par chaque application hébergée.

   o Pour le stockage, on peut tenir compte de la taille occupée par les bases de données liées à chaque macro-processus.

3. **Gérer les coûts fixes :**

   o Un composant *indivisible* peut être réparti selon une clé simple (nombre d'utilisateurs, pourcentage de chiffre d'affaires du domaine, etc.).

   Dans certains cas, on répartit un data center globalement entre tous les macro-processus à un taux standard (par exemple, proportionnel au nombre de serveurs virtuels utilisés).

2.4. Particularités à considérer

- **Effet multi-processus** : Un même logiciel peut être utilisé par plusieurs macro-processus et domaines.

  Il faut bien vérifier que la somme des pourcentages ne dépasse pas 100 % des coûts.

- **Saisonnalité** : Certains processus montent en charge à certaines périodes (ex. clôture comptable, pics de vente en e-commerce).

  La ventilation peut alors évoluer dans le temps si l'on veut une répartition fine.

- **Complexité des organisations** : Plus la structure est vaste, plus la répartition peut devenir complexe (filiales, divers pays, multiples zones horaires).

  Il est préférable de définir des règles de calcul *unifiées* pour éviter les divergences d'un site à l'autre.

3. Consolidation par domaines et macro-processus

3.1. Présenter les résultats : tableau de synthèse

Une fois la ventilation réalisée, on agrège les données sous forme de **tableau récapitulatif.**

Par exemple :

Domaine / Macro-processus	Logiciel A	Logiciel B	Infra X	Infra Y	Coût total
Stratégique : Production (Macro1)	20 000€	10 000€	5 000€	2 000€	37 000€
Stratégique : Production (Macro2)	5 000€	5 000€	3 000€	1 000€	14 000€
Support : Finance (Macro1)	10 000€	-	2 000€	1 000€	13 000€
...	...	...	...	...	...

(Remarque : les chiffres sont fictifs.)

On y voit la part imputée à chaque macro-processus pour chacun des composants *Logiciel A, Logiciel B, Infra X, Infra Y*, puis le **total** des coûts.

On peut ensuite **synthétiser** par domaine (stratégique, support, cœur) pour une vue plus macroscopique.

3.2. Analyse croisée

- **Par processus** : Combien coûte la fonction de « Production » ? Combien la fonction « Commerciale » ?

- **Par logiciel** : Quels sont les processus qui consomment le plus de ressources sur l'ERP ou le CRM ?

- **Par domaine** : Les domaines stratégiques (ex. Production, R&D) reçoivent-ils des investissements proportionnels à leur rôle ?

  Les domaines support (Finance, RH) ne captent-ils pas trop de budget au détriment des activités de création de valeur directe ?

4. Interprétation et analyse : éclairer la prise de décision

4.1. Comparaison coûts réels vs. importance stratégique

On compare la **part de coûts** de chaque macro-processus à **l'importance** de celui-ci dans la stratégie de l'entreprise.

Par exemple :

- Si le processus « Relation client » est jugé critique, mais ne représente que 5 % des dépenses SI, cela peut révéler un *sous-investissement* qui limite la performance ou la satisfaction client.

- À l'inverse, un processus « Gestion d'entrepôt secondaire » peut absorber 20 % des ressources alors qu'il n'a pas de rôle prioritaire : c'est un indice potentiel de *surinvestissement* ou de déséquilibre.

4.2. Identification des anomalies

- **Coûts trop élevés** par rapport aux prévisions : Peut-être un défaut de mutualisation (chaque département a acheté ses propres licences) ou un contrat de licence mal négocié.

- **Coûts sous-estimés** : Il arrive que certains processus ne soient pas correctement ventilés ou que des « zones grises » (comme le Shadow IT) n'apparaissent pas dans les premiers calculs.

- **Écarts marqués** entre filiales : Si l'on ventile par site géographique, on constate parfois des variations qui soulignent un manque d'harmonisation dans la gestion du SI.

4.3. Recherche de leviers d'optimisation

- **Rationaliser les licences** : Éviter de payer des abonnements inutilisés, renégocier des contrats à l'échelle groupe pour obtenir de meilleurs tarifs.

- **Mutualiser l'infrastructure** : Regrouper plusieurs applications sur un même cluster ou serveur pour mieux rentabiliser l'investissement, opter pour la virtualisation ou le Cloud si cela réduit les coûts sur le long terme.

- **Renégocier les contrats d'outsourcing ou de maintenance** : Peut-être que l'entretien d'un parc serveur est trop coûteux par rapport à un basculement vers une solution externalisée ou Cloud.

- **Planifier des migrations** : Des applications obsolètes peuvent provoquer des coûts disproportionnés (maintenance, sécurité), justifiant un projet de refonte ou de modernisation.

De la ventilation à l'optimisation continue

La **ventilation et l'analyse des coûts** par macro-processus constituent un moment des plus fondamentaux dans la démarche de **maîtrise du SI**.

En établissant un lien explicite entre les **coûts** (licences, maintenance, infrastructures, etc.) et les **processus métiers**, on obtient une cartographie financière à la fois **transparente** et **actionnable** :

1. **Transparente** : Les acteurs métiers peuvent comprendre précisément pourquoi tel ou tel macro-processus représente une charge importante, et s'il est ou non en phase avec la stratégie.

2. **Actionnable** : Les décideurs (DSI, direction financière, direction générale) disposent de chiffres fiables pour identifier des anomalies, arbitrer les investissements, négocier des contrats ou mutualiser des ressources.

L'intérêt de cette ventilation est également de **faire le lien** avec la suite de la démarche d'optimisation :

- On peut repérer les processus à forte contribution de coûts et juger s'ils méritent une meilleure rationalisation ou un réinvestissement pour accroître leur performance.

- On peut engager un **plan d'amélioration continue**, comprenant des actions de migration vers des solutions plus économiques, de refonte d'applications redondantes, ou de renégociation des licences logicielles.

Enfin, il est recommandé de **répéter** cet exercice de ventilation périodiquement (tous les ans ou tous les semestres, selon la dynamique de l'entreprise).

Les réalités métiers et les technologies évoluent vite : la répartition des coûts doit suivre ces changements pour continuer d'éclairer la prise de décision de manière pertinente.

De fait, la ventilation et l'analyse des coûts s'imposent comme un pilier incontournable de la *gouvernance* du SI, permettant de maintenir en permanence **l'alignement** entre les investissements informatiques et les objectifs stratégiques de l'organisation.

Annexe 7 : Détermination d'un équilibre cible et réorientation des investissements

Avoir une **cartographie complète** et **une ventilation précise** de tous les coûts du Système d'Information constitue la base solide pour piloter la transformation numérique de l'organisation.

Pourtant, la question demeure : *ces dépenses sont-elles alignées sur les priorités stratégiques ?*

Si la réponse est négative, il convient de définir un **équilibre cible** (une répartition idéale des budgets SI entre les différents domaines et macro-processus) puis de **réorienter les investissements** en conséquence.

Dans ce chapitre, nous verrons :

1. **Comment définir l'équilibre cible** à partir des objectifs de l'entreprise

2. **Quels outils et méthodes** permettent d'aider à la décision (Value vs. Cost, roadmap SI, scénarios d'investissement)

3. **Comment mettre en œuvre** cette réorientation de façon opérationnelle, en veillant à la participation de toutes les parties prenantes (direction générale, DSI, directions métiers).

1. Définition de l'équilibre cible

1.1. Pourquoi un « équilibre cible » ?

L'équilibre cible n'est pas un simple affichage de principes, c'est une **vision budgétaire proactive** indiquant où et comment l'organisation souhaite investir pour tirer le meilleur parti du SI.

En d'autres termes, l'équilibre cible répond à la question : *De quelle façon voulons-nous répartir les coûts (infrastructure, licences, maintenance, etc.) pour soutenir la stratégie ?*

C'est le travail du DSI et il vaut mieux qu'il le fasse, sinon c'est le DAF qui le fera.

Pour le déterminer, il convient d'impliquer la **direction générale** et les **responsables de domaines** (stratégiques, supports, cœurs), afin de confronter les analyses de coûts aux priorités de l'entreprise.

Ceci implique de clarifier :

- **Quels sont les domaines stratégiques** qui doivent bénéficier des investissements les plus importants (par exemple, R&D, production, relation client...).

- **Quels sont les processus** potentiellement en *sur-investissement* par rapport à leur utilité réelle.

- **Quelles sont les priorités technologiques** : innovation, transformation digitale, réduction de coûts, stabilisation de l'ERP, etc.

1.2. Exemples de priorités stratégiques

- **Organisation tournée vers l'innovation** : Renforcer les budgets alloués à l'analytique, au Big Data, au Cloud, à l'IA...

- **Organisation cherchant l'efficacité opérationnelle** : Miser sur la **stabilisation** des systèmes existants (ERP, CRM) et sur la **réduction des coûts** (consolidation des serveurs, renégociation de licences).

- **Organisation en transformation profonde** : Accompagner des projets majeurs de refonte (processus clés, applications centrales), éventuellement via une feuille de route pluriannuelle.

Le rôle de la DSI est de *traduire* ces orientations stratégiques en **équilibre budgétaire** sur les différents macro-processus et infrastructures.

2. Outils et méthodes d'aide à la décision

2.1. Analyse « Value vs. Cost »

L'une des méthodes les plus répandues consiste à positionner chaque macro-processus ou chaque domaine sur un **diagramme** mettant en regard :

- L'**apport de valeur** pour l'entreprise (au regard de la stratégie),

- Le **coût total** qui lui est attribué (licences, ressources humaines, infrastructures...).

En croisant ces deux dimensions, on identifie quatre grandes zones :

1. **High value / High cost** : Processus importants, justifiant peut-être un investissement continu, mais qu'il pourrait être intéressant d'optimiser.

2. **High value / Low cost** : Processus très rentables (trésors cachés) qu'il est souvent utile de soutenir ou de développer davantage.

3. **Low value / High cost** : Cibles prioritaires pour la rationalisation ou la refonte.

4. **Low value / Low cost** : Processus « secondaires » qui ne consomment pas beaucoup de ressources, mais peuvent être surveillés pour détecter une opportunité d'optimisation.

L'analyse Value vs. Cost fournit une **première lecture** des priorités.

C'est un outil à la fois simple et visuel, donc facile à partager avec la direction générale.

2.2. Feuille de route d'évolution du SI

L'autre grand levier de pilotage est la **roadmap IT**, qui intègre :

- Les **actions de consolidation** (réunir plusieurs applications, migrer des infrastructures on-premise vers le Cloud, etc.).

- Les **actions de refonte** (remplacement d'un ERP obsolète, mise en place d'une nouvelle solution de gestion documentaire, etc.).

- Les **actions d'innovation** (projets de R&D, expérimentation de l'IA, mise en place d'une plateforme data, etc.).

La feuille de route sert à **planifier** dans le temps les chantiers prioritaires, en tenant compte à la fois des ressources financières et des capacités internes (équipes disponibles, savoir-faire, calendrier des projets existants, etc.).

2.3. Scénarios d'investissement

Pour aider les décideurs à arbitrer, la DSI doit proposer **trois budgets au minimum** :

1. **Budget de stabilisation** : Maintien à l'identique des principales briques SI, concentration sur la résorption de la dette technique, mise à jour mineure d'applications.

2. **Budget de croissance** : Renforcement des domaines stratégiques clés, modernisation progressive de l'architecture, préservation de certains aspects legacy.

3. **Budget d'innovation** : Investissements massifs dans la refonte et l'exploration de nouvelles technologies (Cloud, Big Data, IA), démarche d'expérimentation et d'adoption rapide.

Chaque budget peut être évalué en termes de **coûts**, de **risques** et de **bénéfices attendus** (pénétration marché, gain en productivité, image d'entreprise innovante, etc.) et comportera des scenarios.

Ceci permet à la direction générale de sélectionner l'option la plus alignée avec la stratégie globale.

3. Mise en œuvre opérationnelle

3.1. Rôle pivot de la DSI

La DSI se trouve **au cœur** de la réorientation des investissements, car elle détient la vision technique et budgétaire du SI.

Elle doit travailler **en étroite collaboration** avec :

- **La direction générale** : pour intégrer les priorités stratégiques dans les arbitrages budgétaires,

- **Les directions métiers** : pour comprendre leurs besoins, justifier la répartition des coûts et fédérer les équipes autour d'un plan d'action,

- **Le DAF ou le contrôle de gestion** : pour maintenir la cohérence financière et actualiser régulièrement les estimations de coût.

3.2. Actions possibles pour réorienter les budgets

1. **Réallouer les budgets :**

   o Réduire le financement de certains domaines support au profit d'investissements dans des domaines stratégiques (ex. dev. R&D, expansion à l'international).

- o Transférer une partie du budget de maintenance applicative vers des projets d'innovation à plus forte valeur ajoutée.

2. **Renégocier les contrats :**

- o Licences logicielles : négocier en masse pour l'ensemble d'une holding ou d'un groupe, ajuster le nombre de licences à l'usage réel.

- o Contrats Cloud : rechercher des remises sur engagement, consolider des services dispersés chez un même fournisseur pour obtenir de meilleures conditions.

- o Maintenance : challenger les prestataires, vérifier le rapport coût / niveau de service.

3. **Réduire le Shadow IT :**

- o Identifier les logiciels ou services non-officiels, souvent redondants ou moins sécurisés, qui consomment des ressources financières et humaines.

- o Encourager leur intégration ou leur remplacement par des solutions mutualisées plus économiques et mieux gouvernées.

4. **Mettre en place une gouvernance financière du SI :**

- o Maintenir la cartographie des coûts à jour

- o Mettre en place des indicateurs de performance (KPI) pour suivre l'évolution des dépenses par processus ou par domaine

- o Faire des revues régulières (annuelles, semestrielles) pour ajuster la ventilation et détecter les nouvelles anomalies ou surcoûts.

3.3. Conduite du changement

Réorienter les budgets SI n'est pas qu'un exercice technique ou financier, c'est aussi une question de **conduite du changement**.

Les équipes métiers peuvent :

- Craindre de perdre des moyens pour leurs applications existantes

- Douter de la pertinence d'arbitrages dictés par la DSI ou la direction générale

- Être réticentes à abandonner des outils qu'elles maîtrisent (même s'ils sont coûteux).

La communication et la **pédagogie** sont donc essentielles pour expliquer :

- Les objectifs stratégiques (pourquoi il est nécessaire de renforcer ou de réduire l'investissement dans tel domaine).

- Les bénéfices attendus (amélioration de la performance, libération de budget pour des projets à plus forte valeur ajoutée, etc.).

- Les modalités d'accompagnement (formations, support, gouvernance partagée).

L' alignement permanent entre le SI et la stratégie

La **détermination d'un équilibre cible** et la **réorientation des investissements** ne sont pas des actions ponctuelles, mais **un processus continu**.

Grâce à la cartographie des coûts réalisée en amont, l'organisation dispose d'une **boussole budgétaire** pour :

1. **Prioriser les projets et ajuster les ressources** en fonction des objectifs stratégiques

2. **Améliorer le pilotage du SI**, en détectant rapidement les zones de surcoût ou les opportunités de rationalisation

3. **Stimuler l'innovation** ou la stabilité, selon les besoins, en allouant les budgets adéquats aux domaines les plus porteurs.

Dans cette démarche, le DSI joue un rôle de **chef d'orchestre**, articulant les ambitions métiers et la réalité technique, tout en garantissant la cohérence financière.

Les dirigeants et responsables de domaines, quant à eux, apportent la vision stratégique et valident les arbitrages.

Ensemble, ils construisent **un SI véritablement aligné**, source de compétitivité et de performance, tout en évitant les écueils liés à un pilotage exclusivement fondé sur les seules considérations financières ou sur la seule logique technique.

Ainsi, l'entreprise conserve en permanence la capacité à **modifier la répartition des investissements** pour s'adapter aux enjeux du moment : innovation, expansion, rationalisation, conformité, etc.

Elle se dote alors d'un SI flexible, efficace et orienté vers la création de valeur, au plus près de son plan de développement global.

Le mot de la fin

Au terme de cet ouvrage, il apparaît avec évidence que la maîtrise des coûts du Système d'Information n'est ni un luxe ni une préoccupation anecdotique.

Elle constitue un enjeu stratégique majeur pour toute organisation, quelle que soit sa taille ou son secteur d'activité.

Les SI se complexifient, se diversifient et s'étendent à l'ensemble des processus métiers, devenant l'ossature numérique de la création de valeur.

Par conséquent, l'optimisation de leurs coûts, tout autant que la compréhension de leur contribution à la performance globale, doit faire l'objet d'une approche méthodique et rigoureuse.

Le Directeur des Systèmes d'Information est au cœur de ce dispositif.

Contrairement à l'idée reçue selon laquelle il ne serait qu'un simple garant de la fiabilité technologique, le DSI est aussi un stratège, un gestionnaire et un médiateur entre les métiers, la Direction Générale et la Direction Administrative et Financière.

Son rôle exige une vision globale du SI, une capacité à anticiper les évolutions technologiques et un réel savoir-faire budgétaire.

Il doit non seulement arbitrer entre les attentes métiers et les contraintes économiques, mais aussi démontrer la valeur ajoutée de chaque projet, de chaque brique technologique, et de chaque dépense associée.

Tout au long du livre, nous avons vu comment décomposer les domaines et macro-processus de l'organisation, cartographier les objets métiers et les objets de données, puis recenser les applications et infrastructures qui les supportent afin d'établir une vision exhaustive des coûts.

Cette méthodologie détaillée, qui peut sembler fastidieuse de prime abord, s'avère pourtant la clé d'une répartition budgétaire cohérente et d'un pilotage efficace.

Une telle approche permet de dégager rapidement des leviers d'optimisation, de mutualisation ou de rationalisation, sans toutefois sacrifier la qualité de service, la sécurité ou l'innovation.

Plus encore, la démarche présentée offre une occasion de renforcer le dialogue entre la DSI et les autres directions, en mettant à disposition des indicateurs clairs, un langage chiffré et une traçabilité indispensable pour prendre des décisions éclairées.

Elle illustre aussi la nécessité de piloter les projets en tenant compte des priorités stratégiques, afin d'éviter de gaspiller des ressources dans des processus à faible valeur ou d'omettre d'investir dans des domaines cruciaux pour la compétitivité de l'entreprise.

S'il fallait retenir une leçon essentielle, ce serait la suivante : la maîtrise des coûts du SI n'est pas seulement un exercice de réduction ou de contrôle, c'est avant tout la recherche d'un équilibre entre l'économie et l'efficacité, entre la rigueur financière et l'agilité technologique, entre la sobriété budgétaire et l'ambition d'innover.

Ce livre, et l'ensemble des méthodes qu'il propose, doit aider chaque DSI, chaque responsable IT ou chaque dirigeant d'entreprise à tendre vers cet équilibre vertueux.

Alors que s'achèvent ces pages, il ne s'agit pas de clore définitivement la réflexion, mais plutôt de poser un jalon pour vous permettre d'affiner votre propre approche de la gouvernance des coûts informatiques.

Le monde du numérique évolue sans cesse : de nouveaux défis émergent, tandis que des solutions inédites apparaissent pour y répondre.

La véritable compétence consiste à adapter en permanence votre démarche, à enrichir vos analyses et à rester ouvert aux possibilités d'amélioration continue.

Puissiez-vous, avec l'aide de ce livre, renforcer durablement la performance économique de votre SI et contribuer à la réussite de votre organisation.

N'hésitez pas à visiter le site DYNAMAP SI qui déborde de ressources afin de rendre votre SI plus efficient : www.dynamap.fr

Retrouvez le tableau des coûts informatiques avec une proposition de nomenclature : https://www.dynamap.fr/articles/tableau-des-couts-informatiques

Yann-Eric DEVARS fondateur Solve DSI

www.ingramcontent.com/pod-product-compliance
Lightning Source LLC
Chambersburg PA
CBHW071221050326
40689CB00011B/2397